# PARA ONDE PEREGRINAMOS?

CB125829

CÓPIA NÃO AUTORIZADA É CRIME
ABDR
ASSOCIAÇÃO BRASILEIRA DE DIREITOS REPROGRÁFICOS
RESPEITE O DIREITO AUTORAL

**Dados Internacionais de Catalogação na Publicação (CIP)**
**(Câmara Brasileira do Livro, SP, Brasil)**

Wolf, Notker
Para onde peregrinamos? : velhos caminhos e novas metas / Notker Wolf com Leo G. Linder ; tradução de Luiz de Lucca. Petrópolis, RJ : Vozes, 2012.

Título original alemão: Wohin pilgern wir? : alte Wege und neue Ziele

ISBN 978-85-326-4385-8

1. Igreja Católica 2. Peregrinos e peregrinações 3. Teologia cristã I. Linder, Leo G.: II. Título.

12-05424 CDD-263.041

Índices para catálogo sistemático:

1. Peregrinação : Cristianismo 263.041

Notker Wolf
com Leo G. Linder

# PARA ONDE PEREGRINAMOS?

## Velhos caminhos e novas metas

Tradução de Luiz de Lucca

EDITORA
VOZES
Petrópolis

© 2009 by Rowohlt Verlag GmbH, Reinbek bei Hamburg

Direitos de publicação em lingua portuguesa – Brasil
2012, Editora Vozes Ltda.
Rua Frei Luís, 100
25689-900 Petrópolis, RJ
Internet: http://www.vozes.com.br
Brasil

Título original alemão: *Wohin pilgern wir? Alte Wege und neue Ziele*

Todos os direitos reservados. Nenhuma parte desta obra poderá ser reproduzida ou transmitida por qualquer forma e/ou quaisquer meios (eletrônico ou mecânico, incluindo fotocópia e gravação) ou arquivada em qualquer sistema ou banco de dados sem permissão escrita da editora.

**Diretor editorial**
Frei Antônio Moser

**Editores**
Aline dos Santos Carneiro
José Maria da Silva
Lídio Peretti
Marilac Loraine Oleniki

**Secretário executivo**
João Batista Kreuch

*Editoração*: Rachel Fernandes
*Projeto gráfico*: Sheilandre Desenv. Gráfico
*Capa*: WM design

ISBN 978-85-326-4385-8 (edição brasileira)
ISBN 978-3-499-07366-4 (edição alemã)

Editado conforme o novo acordo ortográfico.

Este livro foi composto e impresso pela Editora Vozes Ltda.

## Salmo 121

*Cântico de peregrinação.*

Levanto os olhos para os montes:
donde me virá o socorro?

O meu socorro vem do Senhor,
que fez o céu e a terra.

Ele não deixará que teus pés vacilem;
não cochila aquele que te guarda.

Não, não cochila nem dorme
aquele que guarda Israel.

O Senhor é o teu guarda:
o Senhor é a tua sombra, Ele está à tua direita.

O sol não te molestará de dia,
nem a lua de noite.

O Senhor te guardará de todo mal,
Ele guardará tua vida.

O Senhor guardará tuas idas e vindas,
desde agora e para sempre.

# Sumário

1 "Vivo fora do meu século" – A coragem para o experimento consigo mesmo, 9

2 "Abraão partiu, como o Senhor lhe havia dito" – O caminho é realmente a meta?, 23

3 "Deus deve se aproximar de mim e eu de Deus" – O anseio precisa de um referencial neste mundo, 40

4 "Como é bom e proveitoso visitar seu túmulo!" – Entrada num mundo de milagres, 53

5 "Cabe a Deus julgar os erros dos clérigos" – Ossos sagrados e outras relíquias, 70

6 "Quando os vemos comendo, parece que estamos diante de cães famintos" – Como aquilo que nos é estranho ainda nos põe perplexos, 87

7 "No caminho para os santos existem abuso e fraude em abundância" – O que aguarda o peregrino no meio do caminho, 103

8 "Não havia ninguém lá que não ficasse arrepiado" – Enfim, cheguei!, 120

9 "Cheguei a Roma na Quaresma..." – Dois peregrinos medievais em Roma e Jerusalém, 138

10 “Tua vida tem um sentido! Serás um missionário!” – Meu ingresso no mosteiro, 154

11 “Por favor, venha!” – Um arquiabade a caminho por estepes e montanhas, 169

12 “Cada dia exige um novo esforço pessoal” – Aspectos do mundo dos peregrinos que podemos aplicar à nossa vida atual, 185

13 “Todo hóspede que chega deve ser recebido como o próprio Cristo” – Hospitalidade, 196

14 “Doe-se a si mesmo!” – Por que não devemos parar de perguntar qual é o sentido da vida?, 214

15 “Eu não tinha motivos religiosos” – A diferença entre peregrinar e perambular, 228

*Referências*, 239

# 1

# "Vivo fora do meu século"

## *A coragem para o experimento consigo mesmo*

Se a vida é um caminho, a fé pode ser um modo de percorrê-lo? Podemos entender a vida na fé como uma caminhada, uma peregrinação? E, numa peregrinação, é possível alguém encontrar Deus de repente? Ou nada disso faz sentido?

Aos dezessete anos, quando fiz minha primeira peregrinação, eu não entenderia questões desse tipo. A fé simplesmente nos motivava e estimulava. O que, a não ser a fé, poderia nos dar coragem para encarar vento e tempo ruim, ossos cansados e bolhas nos pés? E as bolhas eram inevitáveis, com o tipo de sapato que usávamos. Mas a gente não questionava. Éramos cristãos cheios de ânimo, saindo da igreja para ganhar a estrada cantando e rezando, como um pequeno povo de Deus itinerante, a caminho de um destino desejado. Não era uma prova de resistência. Aliás, o heroísmo, inclusive o heroísmo devoto, era algo que não combinava com meu corpo franzino. De carro, chegaríamos em duas horas. Mas nós queríamos unir a fé a uma vivência peculiar, ao esforço físico e outras experiências, coisas que não são possíveis na vida diária. E teríamos que realizar nosso propósito ao longo dos 120km entre Munique e Altötting.

Assim seguíamos pelo acostamento da rodovia, em fila dupla, um grupo de aproximadamente 100 jovens vindos de diversas partes, com um capelão à frente. Era o ano de 1957 e aquela foi a primeira peregrinação que fiz na vida. Devo ressaltar que, na ocasião, eu pertencia à *Legio Mariae*, a Legião de Maria. Um nome um tanto militaresco, que se deve ao fervor mariano irlandês. Lá na Irlanda, a *Legio Mariae* foi fundada na década de 1920, como um movimento de católicos leigos, e o que me agradou nela foi a combinação da oração com a assistência aos carentes, idosos e doentes. Quem aderisse à *Legio Mariae* teria que entrar de cabeça e dispor-se a dar boa parte de seu tempo a serviço do próximo, e aquela peregrinação ao santuário de Maria em Altötting era uma variante dessa disposição. Como já deu para notar, eu tinha, na época, uma predileção pela Mãe de Deus, e assim é ainda hoje. Confesso que esta predileção não brotou de nenhuma teologia elevada. Ela foi, e é, a expressão de uma devoção cotidiana, que não se mede pelo raciocínio, que vem, pura e simplesmente, do coração. Como mãe, Maria cuidou de Jesus; agora pode também cuidar de mim – assim eu pensava naquele tempo, assim penso hoje.

Pois bem, saímos estrada afora, em longa fila dupla à margem da rodovia asfaltada, onde passavam poucos veículos, porque o trânsito era escasso no final da década de 1950. Como era tempo de Pentecostes, previamos fortes chuvas e levamos nossos guarda-chuvas, com um dos quais o capelão conduzia os revezamentos do canto e da prece. Enquanto caminhávamos, cantávamos e rezávamos sem parar, o guarda-chuva apontava à direita ou à esquerda, de acordo com a fila da vez. O Pai-nosso mudava de lado no meio da oração, o Rosário era alternado da direita para a esquerda, após uma fila entoar "Ave-Maria", o outro lado respondia com "Santa Maria, Mãe de Deus, rogai por nós pecadores". E, em meio às preces, os cânticos a Maria e louvores a Deus, até chegarmos à metade do livro de cânticos. Neste ponto, o céu começou a escurecer; com certeza iria cair um aguaceiro. A equilibrada alternação de vozes não funcionava mais e estabeleceu-se uma certa confusão – que para nós foi divertida –, mas nem a chuva nos conteve...

À frente era carregada uma pesada cruz de madeira, que passávamos periodicamente de ombro em ombro, e quem se atrapalhava passava adiante. Nós a suportamos como se deve. Por quê? Talvez para já ir fazendo alguma penitência. Acho que também levávamos um ou dois estandartes. Não me lembro bem, mas, se os levávamos, não eram símbolos de triunfo, mas expressões da nossa alegria, visíveis à distância. Pois tudo aquilo – a caminhada, a prece, o canto e a carga – nos dava alegria, e, sem esquecer as paradas para descanso, o que mais desejávamos era o interior seco de uma igreja, uma bifurcação da via ou a margem de algum bosque, onde tornávamos a nos reunir, rezávamos e meditávamos, ou simplesmente conversávamos, até que os retardatários se juntassem ao grupo.

Lembro-me bem, e com prazer, dessa primeira peregrinação, principalmente das pousadas noturnas. Ao final do primeiro dia, ficamos numa escola administrada por freiras. Colchões, comuns e de ar, foram colocados nas salas de aula e, antes de irmos dormir, as amigáveis irmãs nos agraciaram com chá de malva, sempre dizendo: "Aceita mais um pouco?" E, uma vez todos reunidos e de bom humor, cantamos, pra variar, umas músicas profanas, despreocupadas canções de viagem, que o capelão proibia durante o dia.

No entardecer do dia seguinte, nos distribuímos por diversas residências. Naquele tempo os moradores sentiam-se honrados por dar pousada a jovens peregrinos. Não lembro mais o nome da cidade onde fiquei, mas recordo nitidamente a satisfação que tivemos eu e um amigo (hoje abade na África Oriental), numa mercearia um pouco afastada do vilarejo, onde uma adorável senhora nos esperava com unguento, bandagens e uma boa refeição. Ela foi tão zelosa que até friccionou nossos pés imundos com as próprias mãos e tratou pessoalmente das bolhas causadas pelos duros sapatos de couro. Ainda vejo as duas camas no dormitório do andar de cima da *Tante-Emma-Laden* (Mercearia da Tia Emma): velhos catres de madeira com colchões de grande espessura e travesseiros de penas, onde a gente simplesmente afundava. Exaustos como estávamos, adormecemos direto.

Na manhã do terceiro dia, chegamos ao nosso destino: Altötting, o tradicional santuário mariano da Bavária, já naquela época o mais famoso lugar de peregrinação da Alemanha. Foi bom chegar, mas não queríamos dar vazão de imediato à euforia da chegada; então demos algumas voltas em torno da igreja, carregando a nossa cruz, antes de nos reunirmos no adro da Basílica com um segundo grupo de peregrinos, vindos de Regensburg. Assim que entramos na Basílica, formou-se um belo grupo.

A missa que se seguiu me ficou na memória como algo sublime. Participamos dela como uma comunidade de jovens que acabavam de passar pelas mesmas coisas, compartilhando as dificuldades – e as preces – do último dia. E, no alívio da chegada, cada um podia sentir também um pouco de orgulho. Depois da missa, tudo correu à solta, quer dizer, dividimos as despesas, tomamos umas cervejas, recuperamos as forças com salsichas brancas e roscas, escrevemos cartões postais à vontade e, por fim, fomos para a estação pegar o trem de volta para casa. Parece que ainda estou vendo aquela pesada cruz na entrada da nossa abadia.

Para as pessoas de hoje pode ser que essa minha primeira peregrinação pareça uma coisa um tanto ingênua e antiquada. Eu explico: a aparência que tínhamos naquela época, e o fervor com que elevávamos nossos cânticos e preces ao céu, nem sempre azul, da Bavária, era algo totalmente diferente da imagem dos peregrinos atuais, com seus sapatos *high-tech* e suas mochilas especiais, caminhando sozinhos ou em pequenos grupos por alguma das rotas preferenciais, com centenas de quilômetros à frente, com uma determinação que eu não poderia sustentar por muito tempo. Mas isso me parece um tipo de peregrinação mais superficial do que pode parecer à primeira vista. Certamente, as nossas peregrinações naquele tempo eram demonstrações da nossa fé, e todos podiam perceber que essa fé era um estado de alegria. Mas o que me ficou na memória, como gratificante, foram experiências que uma pessoa sem fé também perceberia.

Só com muita descontração e humor a gente aguenta as adversidades do trajeto, os pés doloridos, as meias encharcadas depois de um tremendo pé d'água – tudo isso demonstra como a caminhada do peregrino é especial, é algo mais sublime e mais sério, mesmo que o observador não tenha pensamentos religiosos. De qualquer modo, não tivemos maiores problemas, e, se um de nós ameaçava perder as forças, era reanimado com palavras de estímulo pelos companheiros.

Além disso, havia a hospitalidade, a experiência de sermos acolhidos e cuidados por pessoas totalmente desconhecidas, como a assistência maternal da Tia Emma. O peregrino sempre necessita da ajuda de estranhos, mas esta dependência não é, para ele, uma limitação da própria liberdade; pelo contrário, é um alívio receber ajuda da generosidade alheia. Quem encontra uma hospitalidade assim jamais a esquece.

E, por fim, há a vivência da comunidade. Certamente, a prece em grupo nos tocou profundamente, bem como a constatação de não estarmos sozinhos na fé, de sermos muitos com o mesmo pensamento e os mesmos objetivos. Mas eu sei de casos de peregrinos atuais com aquela mesma sensação de comunidade, confraternizando com amigos de percurso, caminhando e descansando juntos e, à noite, se reunindo em círculo. Solidariedade é o termo exato para definir a satisfação dos peregrinos, aquela união espontânea e naturalmente humana entre eles. Quando relembro a nossa peregrinação, torno a sentir a mesma alegria que sentia do primeiro ao último momento.

Mas, o que isso tem a ver com fé? É possível, realmente, percorrer a fé? Será que a fé é necessária para alguém enriquecer a própria vida numa peregrinação? Enfim, pode alguém deixar de lado toda a parafernalha religiosa e, ainda assim, regressar transformado de uma peregrinação?

Pois o que se espera hoje de uma peregrinação – algo que toca a alma o mais profundamente e do modo mais durável possível – não me parece muito diferente do que era nos áureos tempos das peregrinações medievais. Não importa se desejamos algo mais profundo ou apenas uma higiene mental; isso não é decisivo para o sucesso de uma viagem desse tipo. As pessoas sempre tiveram os mais diversos motivos para fazer uma viagem, ainda que, em outras épocas, a fé sempre estivesse presente, tanto entre bons quanto entre maus cristãos. A grande diferença entre ontem e hoje é, a meu ver, que hoje temos à nossa frente uma *busca* – no passado tínhamos uma *certeza*.

Coisa estranha... Há algo hoje mais fora de questão do que desperdiçar tempo com uma busca? Será que busca, por exigir tempo e trabalho, não é logo descartada pela lei do menor esforço? Buscar para quê? Hoje é praticamente impossível não encontrar o que quer que seja. Em nosso dia a dia, as buscas são facilitadas pela navegação internética, carregam-nos no colo como crianças, e quase sempre temos ao nosso alcance os objetivos mais difíceis. As buscas são encurtadas e conseguimos informações pressionando teclas. Vivemos realmente num mundo onde ninguém mais quer se deter em buscas, e, graças aos avanços tecnológicos, também não precisa.

Já no mundo das peregrinações medievais... Lá nunca se sabia se alguém encontraria sua meta em Roma, Santiago de Compostela ou Jerusalém, nem, muito menos, se a meta seria alcançada. Frequentemente o caminho tinha que ser procurado com grande esforço. O sucesso de uma peregrinação estava escrito nas estrelas. As rotas de peregrinação de nossa época são cheias de gente à procura de algo, enquanto as do passado eram povoadas por pessoas que não tinham dúvida alguma quanto ao que buscavam. Sabiam que, ao final de uma longa caminhada, certamente encontrariam um santo, o alívio e o perdão, novas forças e, quem sabe, até mesmo a cura para feridas incuráveis – algo que compensaria o esforço. Assim também para nós, jovens peregrinos de Altötting, era certo que, ao final da caminhada, encontraríamos a mãe de Deus, ou seja, aquela sob cuja proteção nos colocávamos.

O que os peregrinos modernos esperam de suas viagens? O que esperam encontrar ao fim do caminho? É difícil dizer. Na maioria dos casos, nada de específico. Com diminuição da fé, o esplendor dos santos também enfraquece em nossa época – mas não o fascínio de determinadas rotas de peregrinação, isto é evidente. Ainda que não se espere mais nada de uma visita ao túmulo de um santo ou de uma santa, a alegria da peregrinação não fica prejudicada. Assim como a mil e tantos anos atrás, os santos ainda inspiram metas de peregrinação, mesmo quando há sérias dúvidas. Quem pode, por exemplo, assegurar que o corpo do Apóstolo Tiago jaz realmente em Santiago de Compostela? No final da Idade Média, isso já não era tido como certo.

Certamente, as predileções pessoais por determinados santos vêm aumentando ao longo dos tempos, e seus túmulos recebem grandes multidões. São Francisco de Assis hoje atrai peregrinos, tanto quanto ontem e sempre, da mesma forma que Santo Antônio de Pádua, venerado particularmente na Itália. Entre os santos contemporâneos, o franciscano Padre Pio – homem ativo e franco, que construiu hospitais no pobre sul da Itália, e foi considerado santo ainda em vida – tem, provavelmente, a maior legião de adeptos. E também a Mãe de Deus, a Virgem Maria, pode contar com a veneração de uma legião de devotos tão grande e firme quanto era em tempos idos. Mas, justamente entre os inúmeros peregrinos atuais de Santiago, não há muitos que deem o devido valor ao trabalho que o santo realizou em vida.

No entanto – e aí está outra coisa estranha – assim como antigamente, os santos têm uma função. Sem santos não haveria metas de peregrinação; cada peregrino, creia ou não creia, é atraído por um santo. Os santos são sempre referenciais práticos para as buscas. E este movimento com meta definida, este rumo determinado a um objetivo não determinado por nós mesmos, é o que distingue o peregrino do andarilho. O peregrino sempre está, por assim dizer, sob o encanto de algum santo, mesmo que este nada signifique para ele, em termos pessoais.

Realmente, uma rota de peregrinação não é um caminho como qualquer outro. Nela tudo está marcado por um longo passado cristão. Em rotas comuns também encontramos pessoas, mas elas nada nos transmitem. Numa rota de peregrinação, porém, nos unimos sem querer a um fluxo humano que tem um nítido objetivo à frente: pessoas impulsionadas por uma forte fé, que há muitos séculos vêm marcando o caminho com sua esperança. Em um caminho assim, de certo modo entramos em contato com o ilimitado anseio e a imensa esperança que uniu pessoas de todas as épocas aos santos e ao divino. Em rotas de peregrinação também tomamos parte de uma família humana, de cujas crenças podemos não tomar parte, mas, com certeza, dividimos as mesmas esperanças e sonhos de vida. O peregrino, portanto, nunca está só. E pode ser que, a cada passo no caminho, sintamos também a energia da experiência dos que nos precederam – o que nos leva a obter nossa própria experiência. Em outras palavras: mesmo que impelidos individualmente, os peregrinos acabam formando uma comunidade, conforme tem sido ao longo dos séculos. Assim também se poderia explicar a solidariedade que o peregrino sempre volta a constatar, aquela união das curtas peregrinações da minha juventude, que também guardo na memória como as mais belas experiências que tive.

Então, é possível *percorrer* a fé? Eu diria que *a* fé talvez não, mas *uma* determinada fé, sim. Com certeza, não descarto a hipótese de que uma ou outra pessoa, que tenha rompido com a Igreja e com Deus, ao final de uma peregrinação venha a reencontrar a fé de sua infância, ou adquirir um novo entendimento da fé. A maior parte das pessoas, porém, não descreve sua peregrinação como um processo de conversão ou purificação em sentido cristão, mas, certamente, confirma com prazer que regressa tocada ou fortalecida interiormente. Talvez transformadas, adquirindo nova confiança na vida e nos semelhantes, quem sabe com uma nova autoconfiança. Mas confiança e autoconfiança são elementos básicos da atitude de quem crê – e, quando alguém constata este fato, é preenchido por um tipo de esperança que, ao longo dos tempos, tem unido as pessoas comuns aos peregrinos. Assim, algo ocorre com elas, mesmo que vivam numa época em que o esforço da busca assuste e quase não haja mais interesse algum pelo sagrado. E só isto já é, para mim, um pequeno milagre.

Um que vivenciou algo assim foi o Bruno. Concluindo este capítulo, vou esboçar rapidamente a história dele, pois apresenta duas características do peregrino, que ainda não foram mencionadas. Bruno foi chefe de seção numa grande empresa alemã, antes de se aposentar, aos 59 anos. Mas não encontrou descanso algum, não aguentava a rotina doméstica. Então partiu, sozinho, e percorreu os 2.300km de Munique a Santiago de Compostela, em noventa e sete etapas diárias. Foi, para ele, uma importante experiência, segundo suas palavras. E uma grande conquista. Ele regressou em paz consigo mesmo.

Portanto, não é preciso nenhum esclarecimento espiritual prévio para se obter uma tal transformação – basta a experiência do trajeto, em meio a uma crise existencial. Numa caminhada, vêm à tona coisas que, durante meses ou anos, estiveram embaralhadas na cabeça. O amontoado dos pensamentos angustiantes é aliviado, a mente flui, numa determinada hora os pensamentos emergem e, na melhor das hipóteses, surge na mente, aos poucos, uma nova imagem da própria vida. O esforço de cada dia deixa de pesar como um fardo. O caminhar em plena natureza liberta o espírito. E, com as diversas histórias de vida e sofrimento que se contam durante o trajeto, os companheiros de jornada também se libertam mutuamente de suas amarras. Em resumo: a gente cessa de girar em torno de si mesmo. Tudo se harmoniza. E, de fato, há, na história do Bruno, um elemento que faz lembrar a intenção dos peregrinos. Um fator que ele resumiu nas seguintes palavras: "Eu só queria entrar num mundo diferente".

E, realmente, o que caracteriza a busca do peregrino, mais que tudo e ainda hoje, é: uma retirada de seu antigo mundo, uma ruptura com seus velhos hábitos, suas comodidades, seus compromissos e obrigações – mesmo que seja só por um tempo –, um afastamento das condições, ordenadas ou desordenadas, da vida diária, e também um temporário afastamento da época em que vive, com suas respostas prontas, soluções rápidas e transportes velozes. Portanto, o peregrino deve ter a coragem de experimentar a si mesmo. E esta é uma coragem basicamente cristã.

Os peregrinos da Idade Média tinham que deixar para trás tudo que lhes era caro. Passavam meses, às vezes anos, em viagem, quando peregrinavam a Roma, Santiago de Compostela ou Jerusalém, e, durante esse tempo, levavam uma outra vida, instável e incerta, sob sol escaldante ou forte chuva, podendo ter a cabeça decepada, à mercê de salteadores de estrada ou habitantes hostis. Os manuais de peregrinação dessa época eram cheios de advertências, às vezes chegavam a aconselhar que se evitassem terminantemente certos albergues, porque neles os peregrinos seriam saqueados. Ou seja, peregrinar era arriscado e a hipótese de nunca chegar era um perigo real. O peregrino tomava uma decisão radical, partindo para um fim desconhecido, e um sopro desse radicalismo pode ser percebido ainda hoje, nas histórias de peregrinos modernos, tais como o Bruno, que, durante mais de três meses, levou sua decisão a sério.

Agora, observando do modo mais amplo, vemos logo os grandes vultos santos da Europa, pois, na história da Cristandade, costumava ser assim: quem deseja mudar algo – e mudar a fundo – começa por si mesmo. Não continua em sua antiga vida, retira-se do contexto de seu tempo, deixa muita coisa, ou tudo, para trás, corta os laços que o ligam ao seu modo de vida anterior. Tem a coragem de experimentar a si mesmo.

São Francisco de Assis, um dos maiores revolucionários do cristianismo, foi um retirado. Assim falou, referindo-se a si mesmo: "Eu vivo fora do meu século". Aí está a motivação peregrina da ruptura, que orientou São Francisco de tal modo que ele se entregou ao amor de Deus como nenhum outro. Outro que rompeu com o contexto da época foi São Bento de Núrsia, o fundador da nossa ordem. No século V, partiu de Roma, onde, ainda jovem, estudava, e isolou-se nas alturas inóspitas das Montanhas Sabinas, lá vivendo por três anos numa gruta, como eremita, antes de dar origem, ainda em vida, a uma série de mosteiros, cada um dos quais é lembrado como uma compensação para o desamor e o embrutecimento que se espalhavam naquela época. Podemos compreender o radicalismo de todos os cristãos que se retiraram do mundo, os motivos desse total afastamento. Em prol do amor e da verdade eles não querem mais participar do contexto comum. Em prol do amor e da verdade eles querem se desligar das pressões, das relações e do modo de pensar predominantes. Decididamente, todo monge é um retirado. A vida no mosteiro é um retiro constante. Como monge, eu vivo nas condições do peregrino, que deixa para trás família, amigos e parentes, que renuncia a muita coisa que fizera parte de sua vida, e parte diariamente ao encontro de algo maior. Não tenho dificuldade em entender a minha vida como uma peregrinação: minha transformação, ocorrida já há muito tempo no mundo monástico, as fases e encontros na minha vida de monge e abade, e todas as experiências que acontecem quando se tem à frente um objetivo.

Eu gostaria de citar aqui alguns aspectos dessa *peregrinação da vida*, bem como as narrativas de alguns peregrinos do passado e da atualidade; e, mais adiante, o Bruno também entrará, com sua história completa. Todas essas testemunhas foram mais longe que eu nas rotas europeias de peregrinação, porque, depois do meu ingresso no mosteiro, quase não me restou mais tempo para peregrinar – sendo que as minhas inúmeras viagens pelo mundo afora – como arquiabade e, mais tarde, abade primaz – não são consideradas uma forma de peregrinação (o Papa João Paulo II assim entendeu suas viagens, da mesma forma Bento XVI). Eu bem que gostaria de percorrer a rota de Santiago de Compostela, tinha-me proposto firmemente a fazê-lo no outono de 1977. Aí, em outubro, fui elevado a arquiabade e tive que esquecer projetos desse tipo.

Vamos ver, então, esses relatos cheios de aventura de dois peregrinos do final da Idade Média – um cavaleiro do Baixo Reno e uma mulher inglesa. O cavaleiro é Arnold von Harff, que, em 1496, partiu numa peregrinação a Jerusalém e, no caminho, desenvolveu um interesse um tanto acentuado pelo mundo muçulmano. A inglesa é Margery Kempe, que, em 1413, fez uma viagem à Terra Santa e, sob dramáticas circunstâncias, foi parar em Santiago de Compostela. Em seus respectivos relatos, as motivações são, por sinal, bastante nítidas, o que demonstra o quanto as motivações já diferiam naquele tempo. Curiosidade e amor à aventura podem ter dado o impulso a Arnold von Harff, ao passo que Margery Kempe evidentemente procurava experiências de fé e êxtase espiritual. De qualquer modo esses testemunhos oculares são valiosos para nós, pois revelam a tradição à qual nós, peregrinos de hoje, pertencemos.

Mas não quero me limitar às rotas grandes e clássicas. As rotas sem fama também podem ter suas histórias dramáticas – a de Wilsnach an der Elbe é uma delas, assim como outras ao longo da Europa, África e América Latina, incluindo as rotas dos lugares sagrados da Etiópia cristã e a grande rota indígena do Cristo Negro de Tila, no sul do México, que deveremos percorrer neste livro. Elas podem nos dar uma ideia do ardor que, no passado, a peregrinação também inspirava a nós europeus, e das multidões que um santo pode atrair. E, por fim, devo lembrar que a peregrinação não é uma particularidade cristã. Parece que o ser humano tem uma necessidade básica de sentir a presença do divino em um lugar sagrado, pois quase toda religião tem suas rotas para lugares assim – no Hajj, a Meca é apenas a mais conhecida. Todos esses exemplos, relatos e testemunhos de peregrinos de todo o mundo nos possibilitam cada vez mais penetrar no mistério da peregrinação. O que veremos nas próximas páginas é, em síntese, experiências de peregrinação de mais de um milênio e meio e experiências de setenta e nove anos de vida.

# 2

# "Abraão partiu, como o Senhor lhe havia dito"

## *O caminho é realmente a meta?*

Ainda na infância eu tive, após o final da guerra, o meu primeiro vislumbre de uma peregrinação. O povo da minha cidade, Allgäu, passou a receber os moradores das vilas e povoados vizinhos, situados à distância de até duas horas de marcha, para tomar parte nas missas da nossa igreja, inclusive no inverno sob densa neve. Domingo após domingo, eles faziam uma pequena peregrinação em grupo, para comparecer à missa. Lembro ainda hoje.

Caminhadas podem ser, portanto, atos de devoção. Tenho a convicção de que existe uma espécie de devoção corporal. Talvez eu tenha mais facilidade de ver a coisa deste modo do que teria um cristão evangélico, porque para os católicos a fé não é um assunto só do coração e da mente. O rito católico sempre ligou a totalidade da pessoa à prática religiosa; o corpo também toma parte. Persignamo-nos, ajoelhamos, caminhamos de joelhos, erguemo-nos e ficamos de pé durante uma leitura bíblica, prostramo-nos no chão, tudo isso são formas de expressão corporal da fé, o que, aliás, todas as religiões antigas possuem. Os muçulmanos, por exemplo, ajoelham-se e tocam o chão com a testa, durante a prece. Na Igreja Ortodoxa Etíope, os diáconos dançam ao ritmo de tambores, durante a missa. E em todas as igrejas ortodoxas, o corpo reclama se o ofício se alonga horas a fio, enquanto os fiéis quase não se sentam. Religiões antigas atuam, de certo modo, na carne e no sangue, ou seja, são sentidas até nos ossos. No catolicismo é a mesma coisa.

Observem só uma vez os nossos monges, em qualquer mosteiro do mundo, durante uma prece em coro. Essas preces caracterizam-se, obviamente, por uma atmosfera serena, porém, mesmo nisso, ocorre uma ligação dos movimentos da alma com os do corpo. Corpo e alma voltam-se para Deus simultaneamente, quando concluímos um salmo entoando "Louvado seja Deus" e, em seguida, nos erguemos e nos inclinamos, antes de tornarmos a nos sentar. Este movimento é, naturalmente, efetuado de modo individual, cada um por si, mas é também um movimento em grupo, que confere uma expressão visível e inteligível à nossa unidade na fé. Algo semelhante ocorre em cada missa: as genuflexões ante o altar, quando entramos numa igreja, o sinal da cruz, o ato de levantar e ajoelhar durante o ofício – tudo isso são atos pelos quais, também de modo externo, o homem demonstra seu respeito a Deus.

A mais impressionante demonstração de respeito e humildade é, sem dúvida, a prostração. Nós a encontramos em diversas religiões – o Islã a conhece, o Budismo a conhece, e a liturgia católica também observa a prostração em situações específicas: em consagrações de padres e bispos, os candidatos estendem-se ao chão durante a Litania de Todos os Santos, e o mesmo ocorre quando os nossos monges prestam seus votos eternos. Os padres também se prostram no início da liturgia da Sexta-feira Santa, em prece silenciosa, para atestar sua total entrega a Deus. Só a majestade de Deus já justifica, para os cristãos, um ato espetacular de prostração.

Há ainda muitas outras combinações de fé com movimento corporal, que se produzem quando caminhamos fora da igreja, ao ar livre. A cristandade católica sempre realizou isto, desde os tempos remotos, como, por exemplo, na formação das procissões dos dias santos. Com elas, nos aproximamos das práticas dos peregrinos, ainda que as procissões não demorem mais que algumas horas; elas têm um curso rigorosamente determinado e, geralmente, pedem uma ocasião especial – conforme ocorre na Procissão da Festa de São Marcos, ou nas procissões penitenciais da Sexta-feira Santa, que, ainda hoje, acontecem com grande pompa nas cidades da Andaluzia. Ou, ainda, a procissão do Domingo de Ramos, que comemora a entrada de Jesus em Jerusalém. E, naturalmente, a procissão de *Corpus Christi*, que em muitos lugares segue pelas ruas de uma cidade e continua pelos campos.

Não é possível deixar de ver essas procissões como espetáculos sagrados. São fontes de força espiritual. Há, na história, um famoso exemplo da eficácia de uma procissão, ocorrido justamente no final da Idade Antiga, quando os romanos assistiam à derrocada de sua cidade. Roma estava, na ocasião, sob ameaça longobarda, as ruas eram repletas de mendigos e moradores de rua e, como se não bastasse, uma cheia do Tibre havia espalhado uma epidemia avassaladora. Em meio a essas calamidades, Gregório o Grande (590-604) se tornou papa. A primeira coisa que teve de fazer foi descobrir como recuperar o ânimo daquela cidade moribunda. Tão logo assumiu o cargo, organizou uma grande Procissão de São Marcos, percorrendo toda Roma. Talvez os moradores tenham pressentido que aquele papa estava aprontando algo, mas o fato é que o empreendimento de Gregório deu certo: os romanos superaram seu abatimento e recuperaram a esperança. Rezando e cantando, eles literalmente *caminharam* até uma nova autoconfiança. As procissões sempre são, portanto, eficazes no sentido de elevar a moral e reforçar o espírito comunitário.

Na verdade, a procissão não é uma invenção cristã. Cortejos religiosos já existiam na Roma Antiga, e em todo o mundo pagão antigo, e as procissões podem ser uma versão cristã dos mesmos. Durante a quaresma, os religiosos e os fiéis, conduzidos pelo papa, caminham de uma a outra das 40 igrejas da estação litúrgica, de acordo com uma sequência determinada. O ponto de partida desse culto itinerante foi, a princípio, a Basílica de Santa Sabina, no Aventino, uma das mais antigas igrejas de Roma. João XXIII mudou o sistema: a partir de então, o cortejo passou a começar a poucas centenas de metros de Santa Sabina, em Santo Anselmo, a sede da Ordem Beneditina. Eu, portanto, vivencio anualmente a participação do papa, acolhido e paramentado em nosso meio, abrindo o ato de penitência da missa na igreja do mosteiro, entoando a Litania de Todos os Santos em coro com toda a congregação, enquanto segue para Santa Sabina, onde o ofício religioso prossegue.

Assim, percebemos nitidamente que, desde tempos remotos – e não só dentro do cristianismo –, a adoração a Deus se faz com o movimento do corpo, o que manifesta o efeito do que ocorre na alma. Em cada um desses movimentos, desde a breve inclinação dos monges ao final de um salmo, até a caminhada de uma procissão ao longo de meia Roma, eu percebo uma forma de devoção corporal – e, nisto, os elementos básicos da peregrinação. E, assim como essas expressões corporais dos movimentos da alma são comuns em toda a Terra, a sensação de necessidade pela busca de lugares sagrados também não conhece limites em nenhuma cultura. Sim, quase salta aos olhos que as peregrinações são mesmo a marca registrada de todas as grandes religiões do mundo, por mais diferentes que possam ser.

Olhemos ao redor: na fase pré-colombiana, os Maias já empreendiam longas peregrinações a lugares sagrados – à pirâmide de Izamal ou ao Cenote de Chichén Itzá, um lago circular dentro de uma cratera, onde foram encontrados vestígios de sacrifícios humanos. Judeus vindos de todo lado do Mediterrâneo fazem peregrinação às ruínas do Templo, desde o ano 70 d.C., por ocasião das três festas anuais de Jerusalém – e, aliás, dessa tradição restou a visita ao Muro das Lamentações. Os muçulmanos, ao menos uma vez na vida, dirigem-se a Meca, o lugar da revelação do Profeta Maomé, mas também procuram muitos outros lugares, onde são reverenciados os túmulos dos companheiros de Maomé. Os hindus peregrinam há mais de dois milênios a lugares sagrados como Benares – hoje Varanasi –, às margens do Ganges, e Allahabad, na confluência do Ganges com o Yamuna. E o primeiro relato de peregrinação budista data do século III a.C., numa inscrição rupestre que fala de uma peregrinação a Bodh Gaya, o lugar da iluminação do Buda. Pode-se dizer com segurança: o elemento *peregrinação* une as religiões desta Terra.

E é algo que transcende o tempo. Até que ponto devemos recuar no tempo para encontrar aquele homem que se tornou o modelo do peregrino para judeus, cristãos e muçulmanos? Até uma história que se conta há mais de 3000 anos. Até Abraão, o homem de Ur, na Caldeia.

"O Senhor disse a Abrão: 'Sai de tua terra, do meio de teus parentes, da casa de teu pai e vai para a terra que te mostrarei. Farei de ti uma grande nação e te abençoarei, engrandecendo o teu nome, de modo que se torne uma bênção' [...] Abrão partiu como o Senhor lhe havia dito..." Assim começa esta história, no capítulo 12 do livro de Gênesis. E este início já traz no âmago tudo que faz de um homem um peregrino.

Deus ordena a partida e Abraão se desliga de tudo que lhe é caro, de tudo que, até então, constituíra sua identidade. Deus lhe dá sua promessa e Abraão se entrega ao grande experimento, deixando tudo para trás. Parte de mãos vazias, sem noção do caminho que tem pela frente, sem ideia do que encontraria, e ele próprio era agora um forasteiro que renunciara a todos os apegos. Até mesmo os apegos a Deus no plano terreno. Mas insiste em que a meta compensa o abandono da terra natal e o esforço da caminhada. Ele acreditou que Deus honraria a palavra empenhada. Daí em diante ele tinha que se deixar guiar apenas por sua fé. Toda sua vida tornou-se uma peregrinação e ele se tornou o modelo para todos aqueles que, ao longo de séculos, têm viajado a Jerusalém, Roma ou Santiago.

Mas Abraão não é só o primeiro peregrino; ele é, ao mesmo tempo, o primeiro homem que encontramos na Bíblia com características inconfundíveis, com uma história de vida própria e caráter individual. Ele não é uma figura vaga como Adão ou Noé, não é um simples nome introduzido num destino humano coletivo. É um homem de carne e osso, que realiza experiências e as narra. Em resumo: Abraão é um *indivíduo*. E, se bem entendo o recado desta história, ela quer dizer o seguinte: o homem que está no caminho de Deus encontra, por fim, a si mesmo. A vida é uma peregrinação. Só aquele que se considera um peregrino pode expandir plenamente as suas possibilidades, seu potencial de desenvolvimento como ser humano. Nesta velha história também é trabalhada uma questão bem atual, isto é, a realização pessoal, que só é possível a quem rompe com a segurança de uma vida estruturada e se dispõe, confiando em Deus, a encarar um experimento consigo mesmo.

O tema da realização pessoal torna a ser abordado no Antigo Testamento, associado a Moisés, também um modelo de peregrino. Só que, neste caso, a história não se limita ao desenvolvimento interior de um único homem, mas estende-se à realização coletiva de todo um povo. Tudo em sua história tem outra dimensão. Se as circunstâncias da partida de Abraão não são espetaculares, no caso de Moisés são dramáticas. A saída dos israelitas da "senzala" egípcia é precedida por uma série de pragas, que só aos poucos conseguem quebrar a resistência do faraó. E, mal os israelitas obtêm sua liberdade, são perseguidos pelas tropas egípcias – e só a famosa divisão das águas os salva de serem massacrados no último momento. Mas o fim das aflições ainda está longe. O deserto os aguarda, fome e sede os atormentam, e nem sinal da Terra Prometida. E agora, em retrospectiva, aquele Egito que tinham deixado para trás passava a significar, para eles, a saudosa pátria perdida. Pra que continuar vagando pelo deserto? A liberdade pode esperar, ao passo que o estômago reclama a falta das "panelas egípcias". O guia deles, esse tal de Moisés, sabe mesmo o que quer? Onde vai dar esta viagem? Existe alguma expectativa?

Não, na verdade Moisés não sabe. Da mesma forma que Abraão, Moisés só tem a garantia de Deus de que, em algum lugar, um resultado jamais visto compensaria todas as privações. Mas, durante aqueles 20 anos vagando pelo deserto, ele realiza uma experiência que os próprios peregrinos de hoje também conhecem: por mais que prometamos a nós mesmos conseguir muita coisa, às vezes temos vontade de desistir e pegar o próximo ônibus ou embarcar no próximo trem – só que, depois disso, nada será como antes. A peregrinação não é um simples passeio; até mesmo nós monges conhecemos aquela tentação de voltar às "panelas egípcias". O que tornou Moisés um modelo do peregrino também é, precisamente, a noção do grau necessário de resistência, autocontrole e paciência.

Assim alcançamos o objetivo, partindo na convicção de que o importante é chegar. Moisés fala de uma "terra prometida", onde leite e mel jorram em cascatas, de uma pátria nova e segura e uma vida em liberdade. Entende-se que os israelitas não podem absorver essa ideia assim logo de cara. Na verdade, ainda não estão prontos. Eles ainda têm a mentalidade do cativo, continuam habituados à submissão, ainda não têm noção do que seja um povo e do que significa viver em liberdade. Porém, em vinte anos de penoso caminho pelo deserto, aprenderam a tomar o destino nas próprias mãos, como homens livres, assumindo responsabilidade própria, segundo um pacto com Deus. Só então a ousadia da liberdade teve êxito. Só então puderam ver cumpridas as promessas ligadas ao tão esperado objetivo.

Esta é a história da autorrealização coletiva de todo um povo, narrada no livro de Êxodo, uma história de contratempos e hesitação, de perseverança e convicção – e, por conseguinte, de um brilho jamais ofuscado. Uma história que também toca homens do nosso tempo. Martin Luther King, por exemplo, inspirou-se no arquétipo bíblico dos peregrinos do deserto, como uma metáfora para a lenta luta pela libertação das populações negras norte-americanas. E, por ocasião do Concílio Vaticano II, a Igreja

Católica também reconheceu sua própria situação na imagem da caminhada dos israelitas pelo deserto, e descreveu a si mesma como um povo de Deus itinerante.

Dois são, portanto, os modelos do peregrino, Abraão e Moisés, aos quais podemos acrescentar ainda o povo de Israel como um todo. Eles atendem ao chamado de Deus e, para eles, andar em meio ao desconhecido se tornou uma missão. Mas pode ser que alguém se pergunte agora: O que significaria, realmente, para eles, a promessa divina, aquela perspectiva tão vaga de chegar algum dia a algum lugar? O objetivo, não seria, no fundo, sem importância para eles? Não teriam eles obtido já todas as experiências, através do caminho? Aí esbarramos com um pensamento do Extremo Oriente, que se tornou um tema básico para os atuais peregrinos de Santiago: O objetivo não pode ser o próprio caminho?

A chegada não importa?

A este respeito, deixe-me contar uma história pessoal. Foi depois dos meus exames finais, no verão de 1961, quando realizei, com um amigo, a minha primeira peregrinação de longo curso. Nós estivéramos na caminhada até Altötting, e também havíamos planejado juntos ingressar no mosteiro. Era tempo de aproveitar mais uma peregrinação – provavelmente a última. Mas, naquela ocasião, não tínhamos em mente nada propriamente grande. Só nos restavam dez dias, e também não pensávamos em fazer a viagem a pé, pois tínhamos outros planos. De qualquer modo, submetemo-nos a privações, porque não tínhamos como bancar a viagem. Eu não tinha mais que 50 marcos, e a situação do meu amigo não era melhor. Mesmo assim, queríamos partir, mais precisamente para a França, pois estávamos entusiasmados com um santo dos velhos tempos, o Pároco de Ars, aliás por motivos diferentes. A mim fascinava o desempenho missionário que aquele homem demonstrara em tempos difíceis, quando não passava de um pequeno pároco de província. Meu amigo, por sua vez, impressionava-se por ter ele conseguido se ordenar padre, apesar de grandes dificuldades no estudo, pois, assim como o pároco, meu amigo também lidava com grandes dificuldades escolares, e prestara os exames a duras penas. Enfim, peregrinando até o famoso santuário mariano de La Salette, poderíamos esticar a viagem até Ars, nas montanhas de Grenoble.

Meus 50 marcos eram a conta certa para nossa viagem de trem de Munique a Genebra. Não dava nem pra pensar em pagar comida, muito menos um quarto de hotel; essas coisas estavam fora de questão. Meu amigo afanou um grande salame da mercearia da tia dele e eu coloquei um bom pedaço de pão preto no meu saco de dormir. Daria para um bom tempo; não precisaríamos temer a fome. E também, após algumas buscas, achamos uma hospedagem que vinha a calhar, um albergue em Circle d'Espérance, onde passamos a noite sobre fardos de palha. Enfim, não ficamos muito confortáveis. Coloquei minha câmera fotográfica no meio da palha e me estendi prudentemente por cima.

Na manhã seguinte, tínhamos que pegar o trem para Grenoble e, naquela altura, meu amigo também já estava sem um tostão. De qualquer modo, duas etapas já estavam vencidas e, antes de chegar a Gap, teríamos passado por algumas cidadezinhas no pé da montanha, sobre cujo cume de 1.800 metros ficava La Salette. Desembarcamos, caminhamos até uma das saídas da cidade e começamos a pedir carona, mas ninguém parava. Situação desesperadora: sol queimando, nenhum carro parando. Por fim, já no fim da tarde, um Citroën 2CV parou. Ao volante estava um jesuíta e todos os assentos estavam abarrotados de livros de cânticos, em meio aos quais nos apertamos; assim chegamos a Gap.

E começou a escalada, a pé. Tínhamos que chegar ao mosteiro de La Salette ainda naquele dia. Graças a Deus, não fazíamos ideia do que nos esperava. A princípio, ainda com bom ânimo, seguimos uma trilha que, às vezes mais, às vezes menos íngreme, seguia montanha acima. Depois de uma hora, chegamos a um aglomerado de pobres residências rurais. Lá vieram ao nosso encontro, à última luz do dia, dois velhos camponeses com suas duas vacas, e insistiram que entrássemos. Logo nos vimos no interior de uma velha casa de pedra de cantaria, dividida em dois compartimentos – um para os dois velhos, outro para as vacas. Deram, para cada um de nós, um canecão de leite fresco recém-ordenhado. Mais tarde, o camponês nos indicou o caminho, pusemos nossos pertences às costas e os pés na estrada.

A noite avançava. Estávamos com sorte, era uma noite clara de lua cheia. O luar iluminava o atalho à nossa frente, mas a subida era penosa e parecia não ter mais fim. Lembro-me de sentir dores em todo o corpo. Em certo ponto eu já estava tão exaurido que cheguei a lacrimejar. Com o que restava de nossas forças, chegamos, por volta das 10 da noite, à gruta no estreito vale abaixo de La Salette, o local, portanto, onde a Mãe de Deus surgira diante dos pastorzinhos Mélanie Calvat e Maximin Giraud. Na gruta, o milagre era representado por imagens, uma cena iluminada por um fogo de lenha, diante da qual um padre rezava. Ele não tinha boas notícias. "Não", disse ele, "não há acomodações, todos os leitos do alojamento do mosteiro estão ocupados por peregrinos. Não há nada a fazer". Era só o que faltava.

Mas, enfim, entramos no mosteiro. O amigável padre nos conduziu a um alojamento improvisado com colchões, e lá dormimos um sono pesado, até que, de manhã cedo, os padres nos acordaram para as preces matinais. Pouco depois, durante o desjejum no refeitório, desfrutamos da compaixão dos peregrinos franceses. Alguém nos estendeu uma *baguette* inteira, e o mesmo se deu nos próximos dois dias – em cada ocasião surgia alguém que se apressava a nos oferecer pão branco. Percebemos claramente que os franceses não se conformavam em ver alguém comendo pão preto comum. E, com os tormentos que se seguiram, recebemos o dobro e o triplo daqueles gestos de amizade.

Bem, nós rezamos, fizemos nossas práticas individuais, participamos da Procissão das Velas até a gruta e, no terceiro dia, queríamos seguir para Ars. Mas de que jeito, desguarnecidos como estávamos? Então, começamos a rondar os ônibus de peregrinos, interrogando os motoristas, e logo a sorte nos sorriu; pudemos nos acomodar num ônibus cheio de velhinhas de Paris, que ficaram entusiasmadíssimas por terem com elas dois solícitos beneditinos. Aí ocorreu algo que nós, humildes peregrinos, jamais sonharíamos. Chegando a Lyon, as senhoras pararam em frente a um restaurante, e tivemos a primeira noção do que é um almoço francês. Lembro os patês de fígado, as costeletas de carneiro e a salada, a expressão radiante do meu amigo – enfim, fomos convidados e nos regalamos a valer. Para as nossas parisienses, aquele menu sofisticado nada tinha de especial. Mas novatos como nós, de 21 anos recém-completos e pela primeira vez fora da Alemanha, diante daquilo simplesmente perdíamos a fala.

Em Ars nos despedimos de nossas benfeitoras. Tínhamos alcançado o destino; desembarcamos e estudamos o ambiente. O albergue se chamava Maison de Providence (Casa da Providência). Foi a única hospedagem que nos interessou, mas nunca teríamos podido pagar o pernoite se não fosse uma senhora de Hamburgo que, bem a tempo, apareceu no nosso caminho. Tanto foi seu contentamento por encontrar dois jovens peregrinos alemães, que nos colocou 10 marcos na mão. Daria para o começo.

Agora, rumo ao pároco de Ars. Já tínhamos a intenção de nos tornar padres, monges e missionários. Sonhávamos seguir a grande tradição missionária da nossa Ordem. No começo da Idade Média, os monges beneditinos já haviam catequizado e civilizado metade da Europa. No início do século XX, partiram para África, China e Coreia, onde construíram mosteiros, hospitais e escolas. Esta era a nossa expectativa. Queríamos trilhar suas pegadas. Assim pensava eu, assim pensava o meu amigo. E lá estávamos nós, em Ars, no lugar da antiga atuação de um homem que, como padre e pregador, sacudiu as estruturas. Não foi nenhum intelectual brilhante, mas um simples padre provinciano, como estudante um fracasso, nem ao menos talentoso em retórica e, ainda por cima, com um cargo inferior num fim de mundo dos confins da França, segundo o ponto de vista comum. Mesmo assim foi, ainda em vida, uma figura lendária.

Quando, em 1818, João Maria Vianney chegou ao que ele denominava “o lugar do seu sacerdócio”, Ars não contava com mais de 230 almas. Havia quatro tabernas, onde cerveja e aguardente jorravam à vontade, e uma igreja mal cuidada, na qual quase ninguém entrava, nem aos domingos. Ars era um lugar de beber e dançar, não de rezar. E, na bebedeira, pancadaria e devassidão corriam à solta. Vianney começou a pregar, a princípio para bancos vazios, depois para a população em peso. E, 22 anos depois, foi preciso estabelecer um serviço diário de transporte entre Lyon e Ars, só para atender ao fluxo de peregrinos que queriam conhecer de perto o pároco de Ars. Foi preciso até abrir um guichê especial na estação de Lyon, onde eram vendidas exclusivamente as passagens para Ars.

As tabernas de Ars se converteram em albergues para peregrinos. João Maria Vianney chegava a ficar dezesseis horas no confessionário, para fazer frente àquela multidão, e, mesmo assim, o povo frequentemente tinha que permanecer na fila o dia todo. Cada vez mais ocorriam milagres e curas, que, totalmente contra a sua vontade, eram atribuídos a ele. O culto a sua personalidade não lhe agradava nem um pouco. Para evitá-lo, confeccionou uma relíquia de Santa Filomena, à qual atribuía todos os milagres. No final de sua vida, chegavam a vir 80.000 peregrinos por ano. O pároco de Ars veio a falecer em 1859. Foi canonizado no dia de Pentecostes do ano de 1925. Quatro anos depois, foi declarado patrono de todos os párocos do mundo.

Conforme eu dizia, meu amigo e eu estávamos impressionados além da conta com aquele homem, por sua simplicidade, sua honestidade, seu altruísmo, sua santidade sobre-humana. O pároco de Ars nada tem de heroico ou imponente. Suas pregações eram rudes e diretas. Mas nem sempre a gente precisa de altas teologias. Às vezes ajuda muito mais o exemplo de uma santidade objetiva. Pode soar um pouco estranho quando eu digo hoje: fui a Ars para deixar-me contagiar pelo modo de ser daquele santo, mas acho que a experiência me atingiu bem mais a fundo. E o meu amigo chegou a ponto de escolher aquele fracassado nos estudos como seu santo protetor – ele também não era uma figura excepcional, também tivera terríveis dificuldades como estudante e esperava a assistência do santo para seus estudos.

E, assim, todo dia ficávamos por alguns momentos diante do ataúde envidraçado no qual jazia o corpo sem decomposição de João Maria Vianney, na igreja de Ars. Rezávamos diante do altar, no qual espelhávamos nosso futuro como monges e missionários, nossas esperanças e temores. Assim fomos, com grande contentamento, autorizados a auxiliar o pároco na missa do dia seguinte. E, quando visitamos o pequeno museu na antiga casa paroquial, encontramos os vestígios do incêndio, ainda impressionantes, que o diabo deve ter ateado no leito do santo

Já falamos bastante do pároco de Ars. A próxima etapa da nossa peregrinação pode ser narrada em poucas linhas. Passando por Taizé e Besançon, tomamos o rumo de volta à Alemanha, pernoitando no seminário e tendo, por fim, a desavergonhada sorte de conseguir carona num Citroën DS (lataria preta e assentos de couro cor vinho artisticamente adornados), e alcançamos a terra natal no exato momento em que nossas provisões de salame e pão preto se esgotaram.

Por que contei essa história? Porque ela torna algo muito claro: para nós o objetivo não era, de modo algum. o caminho em si. Não tínhamos afinidade com esta ideia. Tudo que se referia à nossa ida a La Salette e Ars era submetido ao intento da chegada. E, sem aquelas metas, jamais teríamos suportado voluntariamente noites tão ruins em albergues, nem a fadiga ou comida de má qualidade. As surpresas do percurso, como o inesquecível almoço em Lyon e a caneca de leite quente sob o teto dos velhos camponeses, foram, sem dúvida, experiências de peso, mas a perspectiva de vivências assim significava pouco para nós, em comparação com o propósito final de rezar ao pé do esquife do pároco de Ars. Em outras palavras: não foi o caminho, e sim o destino que nos motivou – da mesma forma que sempre motivou os peregrinos de todas as épocas e lugares.

Isto significa, por um lado, que o objetivo estimula a partida, e, por outro, que sem objetivo não há caminho. Para o peregrino, o caminho é função do objetivo. Ele não sai a esmo. Ainda que seja inconscientemente, ele é guiado pela certeza do objetivo, e nem por isso ele tem que se fixar obstinadamente num determinado rumo. Ele pode se afastar do trajeto, fazer desvios, mas não perderá a orientação, não vai parar no lugar errado. Seu caminho, no final, sempre lhe indicará a meta.

Assim ocorreu com Abraão, assim também foi com Moisés. Isto é: nenhum dos dois tinha sua respectiva meta direcionada num caminho definido. É claro que a chegada não é tudo, mas sem o objetivo, sem a determinação, sem a visão de uma nova vida e a expectativa de chegar lá, a experiência do percurso ficaria sem sentido e infrutífera. Portanto, todo caminho é uma preparação para o objetivo e todas as experiências que ocorrem durante o trajeto são significativas apenas como vislumbre da meta. Só depois de estabelecer uma conexão entre o que me ocorre no meio do caminho e o que me espera ao final do mesmo é que serei mais maduro e sábio. Só então posso falar amplamente a respeito de um caminho. Sem objetivo, sem caminho.

Tenho a impressão de que perdemos um pouco a percepção deste fato simples e concreto. Talvez a gente prefira hoje considerar o próprio caminho como objetivo porque a ideia da chegada se tornou *normal demais*, nada de extraordinário, enquanto a perspectiva de um caminho sem destino específico tem um sabor mais *exótico*. No entanto, como peregrinos, temos o benefício de saber que, para os nossos precursores medievais, a peregrinação é o contrário do aleatório, o oposto do caminhar a esmo ou deixar-se levar sem orientação. Por isso mesmo, a constatação que mais motiva o peregrino atual é: uma peregrinação é uma rota de fim predeterminado. É um caminho de vivência coletiva, direcionado a uma visão coletiva.

# 3

# "Deus deve se aproximar de mim e eu de Deus"

## *O anseio precisa de um referencial neste mundo*

Como um lugar se torna um ponto de peregrinação? O que precisa acontecer para que um lugar seja considerado sagrado e atraia peregrinos? A auréola do santo não vem do acaso, algum acontecimento deve precedê-la. Temos diversas respostas para esta pergunta, porque locais de peregrinação possuem diversas causas de origem. Ainda assim, há um caso específico que parece particularmente esclarecedor, o caso de Cantuária. A cidade foi, por muito tempo, o mais famoso ponto de peregrinação da Inglaterra, e o começo das peregrinações a Cantuária está bem definido historicamente. Foi no ano de 1170.

Eis que, em 29 de dezembro de 1170, o arcebispo de Cantuária, Thomas Becket, foi assassinado em sua catedral. Ele era a pessoa mais chegada ao rei inglês Henrique II, e seu maior companheiro de luta, mas, após ser nomeado arcebispo, bloqueou inflexivelmente todas as tentativas do rei no sentido de interferir nos assuntos da Igreja. Ao contrário de muitos bispos de sua época, ele não se considerava um político, e sim um homem de Deus, vestia-se como um simples monge e como tal vivia. Mais que tudo, porém, ele cuidava para que o poder do rei não ultrapassasse os portais da igreja. Henrique II bem que gostaria de podar drasticamente a liberdade da Igreja em seu país, mas Becket não aceitava imposições, o que, por fim, gerou um acirrado confronto entre arcebispo e rei. Um dia, num acesso de raiva, Henrique II deixou escapar que gostaria de se ver livre daquele Becket. Foi mais um desabafo que uma sentença de morte, mas quatro dos seus cavaleiros entenderam literalmente.

Na tarde de 29 de dezembro, esses quatro, armados até os dentes, invadiram a catedral de Cantuária, no exato momento em que o cortejo dos monges dirigia-se ao altar, com o arcebispo na retaguarda. Os cavaleiros se aproximaram, as espadas desembainhadas. Os monges entraram em pânico, só Becket permaneceu sereno. Houve uma curta discussão e, em seguida, Becket foi atingido por golpes de espada. Os monges debandaram, o arcebispo tentou amparar-se numa pilastra. O último golpe o atingiu no alto do crânio. Becker caiu ao chão. Os autores do atentado verificaram se ele estava morto e, assim confirmando, deixaram o corpo onde estava.

O assassinato suscitou terrível comoção em toda a Europa. Dizia-se que fora o mais abominável crime, desde a crucifixão de Jesus Cristo. Mas, antes mesmo que o mundo soubesse, ocorreu o seguinte: mal o assassinato chegou ao conhecimento público na cidade, pessoas acorreram à catedral, debruçaram-se sobre o corpo de Becket, persignaram-se com seu sangue ou o colheram em recipientes, e cortaram tiras de suas vestes. Aos olhos do povo, o assassinato fez do arcebispo um santo. Na verdade, ele só foi canonizado três anos depois, mas as ondas de peregrinação à sua sepultura já vinham ocorrendo há bastante tempo. E, 200 anos mais tarde, veio a ser até mesmo tema de um famoso livro – *Contos de Cantuária*, do poeta inglês Geoffrey

Chaucer, que, no século XIV, peregrinou pessoalmente ao lugar. Ainda voltarei a isto.

Naturalmente, o nascimento de um lugar sagrado nem sempre ocorre de modo tão dramático. Mas, sem dúvida, um acontecimento que gera abalo, um crime, uma morte violenta, tudo isso estabelece bases para o surgimento de um ponto de peregrinação – não esquecendo os casos de Roma e Santiago de Compostela: Roma deve sua posição excepcional no mundo cristão sobretudo às sepulturas dos apóstolos Paulo e Pedro, tendo sido o primeiro decapitado e o segundo crucificado na época de Nero. E Santiago de Compostela a deve aos restos do Apóstolo Tiago, que, no ano 49, também foi decapitado, como vítima da primeira perseguição aos cristãos.

A ideia do martírio permanece viva tempos mais tarde, quando a época das perseguições já pertence a um passado bem remoto. Os monges irlandeses do século VII, por exemplo, procuravam alcançar o chamado *martírio branco*. Assim como, na Irlanda daquela época, os criminosos eram lançados ao Atlântico amarrados em barcos, aqueles monges se faziam também atar em botes que eram lançados ao mar. Nem todos encontravam a morte. Muitas vezes um era levado pela correnteza do golfo a praias continentais da Europa, onde transmitiam a mensagem cristã a povos germânicos, e lá alguns alcançavam, por fim, o martírio.

Há, portanto, uma estreita associação entre martírio e santidade, e esta associação é uma interessante peculiaridade do cristianismo. É algo que tumultua um pouco a mente dos peregrinos de hoje, mas vale a pena a gente se aprofundar na questão.

Geralmente, as religiões não associam o sagrado ao destino de alguém. O sagrado é, neste caso, uma qualidade inerente a um determinado lugar, uma condição que assinala lugares como consagrados a Deus ou predestinados a tal Possivelmente ambientes protegidos, onde as regras do mundo profano lá de fora perdem a força, lugares que estimulam a reverência e a devoção à santidade. Neste sentido, o lugar sagrado é um ambiente inviolável que retira a obstinação do homem, o qual, protegido de sua própria arbitrariedade, submete-se e integra-se à santidade que o envolve. É um âmbito no qual o homem não pode intervir e, às vezes, nem penetrar. Pode ser o ambiente de um templo, em cujos limites só podemos entrar se estivermos despidos de todo vínculo com a vida mundana, e cujo centro, o Santo dos Santos, pode ser tabu para simples mortais. Mas lugares sagrados também podem ser ambientes naturais, majestosos ou peculiares, que emanam vida, que poderiam ser a morada de um deus, tais como bosques, fontes, montanhas ou grutas. Isso me lembra o Olimpo, a morada dos deuses gregos, ou a montanha sagrada à qual peregrinavam os budistas da China e do Tibete. Esses lugares costumam ser marcados como sagrados por templos ou pontos de culto. Nesse plano de ideias, seria totalmente impossível que uma determinada pessoa – tal como Thomas Becket – estabelecesse a santidade de um lugar.

Em todo caso, encontram-se, mesmo no cristianismo, vestígios de uma antiga concepção de sacralidade. Basta lembrar a Espanha, onde as nascentes dos rios são consagradas à Virgem Maria. Geralmente se encontra nas proximidades das nascentes uma estátua de Maria, ou um medalhão com a imagem da Mãe de Deus. Em termos teológicos, isso pode não parecer muito saudável, mas, seja como for, há algo de luminoso na visão do elemento água em sua fonte, associado à imagem sagrada daquela que deu vida ao Filho de Deus. Além do mais, temos, no próprio âmbito da nossa ordem, um caso ainda mais acentuado de associação entre as sacralidades pagã e cristã, na pequena cidade francesa de Fleury Saint-Benoit, a meio curso do Loire.

Nessa região, onde, por volta do século XI, foi erguida a monumental abadia beneditina de St. Benoit existiu, na fase pré-cristã, um local de culto celta, um núcleo druídico conhecido em toda a Gália. Havia lá uma pequena colina onde se podia ficar a salvo das cheias do Loire, e, para os celtas, ali era o centro do mundo. Hoje não sabemos por quê. Mas foi detectada por rabdomancistas a existência de um forte curso d'água, justamente sob o eixo da Basílica de St. Benoit, e pode ser que esse rio subterrâneo tenha algo a ver com o sentido religioso que aquela região ribeirinha tinha para os celtas. De qualquer forma, tem-se aí a história de um lugar sagrado da fase pagã que, sem intervalo, continuou como tal no período cristão. É constatado que monges beneditinos, já por volta do ano 650, haviam se estabelecido no local do antigo santuário druida.

Esses entrelaçamentos de tradições pagãs com cristãs acontecem. Mas não são decisivos para o surgimento de uma rota de peregrinação. Decisivo é o fato de ter o cristianismo desenvolvido uma ideia toda sua do que seja a santidade, conforme vimos no exemplo de Cantuária. Segundo o entendimento cristão, a santidade vem ao mundo através de pessoas que fazem a vontade de Deus. O divino se revela por meio de pessoas que se deixam guiar pela fé. Tais pessoas são, a princípio, os mártires, aos quais é atribuído um poder de fé especial, um poder de fé que não se apaga com sua morte, mas permanece como energia sagrada. Mesmo na sepultura, às vezes os envolve aquela aura de poder sobrenatural, mesmo mortos eles constituem uma ligação entre céu e terra, sendo que não só os mártires incorporam o sagrado, mas todos aqueles que demonstraram uma fé indiscutível e exemplar.

Homens e mulheres assim estabelecem a sacralidade de um lugar no mundo cristão. É o que geralmente acontece. Se já deram o que falar em vida, serão comentados após a morte, e suas sepulturas facilmente se tornarão metas de peregrinação, e, no mesmo sentido, intensifica-se a preferência por determinadas rotas. Quando ocorria a procura por seu santo particular, os políticos e bispos da Idade Média não ficavam menos alvoroçados que os atuais empresários do turismo. Era tudo muito comercial. A popularidade dos santos às vezes também oscilava, e os pontos de peregrinação corriam o risco fatal de perder o *status* – o que significava uma catástrofe econômica para uma cidade pega de surpresa. Na cidade burgúndia de Autun, alguns peregrinos veneravam relíquias de Santa Maria Madalena, até que a cidade vizinha de Vézelay reclamou para si o reconhecimento de posse de relíquias autênticas da santa. Daí em diante, o fluxo de peregrinos de Autun passou para Vézelay, e Autun ficou no prejuízo. Em todo caso, devemos a Maria Madalena, em função daquele incidente, a construção de duas magníficas catedrais.

Porém, a este respeito, um certo peregrino medieval nos aguarda no próximo capítulo, onde seremos introduzidos no mundo dos milagres. No momento, o assunto me leva a outra questão, que vem a ser: quando a sacralidade e a afluência de peregrinos num lugar ocorrem em função de seres humanos é preciso construir um mosteiro ou uma igreja, onde fiquem guardados os restos dessas pessoas – geralmente são ossadas. Ou, em outras palavras: relíquias. E, por aí, chegamos a um aspecto intrigante do estilo medieval de peregrinação.

Pode-se tentar classificar a veneração de relíquias como puro materialismo religioso primitivo. Mas imaginemo-nos no lugar das pessoas que se curvam sobre os restos mortais de Thomas

Becket, na Catedral de Cantuária. O que os motiva é o desejo de partilhar da energia espiritual que dá alma aos vivos. Segundo seu ponto de vista, o corpo do morto, e até mesmo suas vestes, armazenaram aquele poder extraordinário. E essas pessoas querem captar esse poder, querem se beneficiar dessa energia. A valorização assim perpetuada de um morto, como no caso de Thomas Becket, pode nos parecer algo não muito piedoso, mas o desejo do homem medieval – pela proximidade física do santo, pelo contato direto com uma fonte de energia espiritual – ignora esse tipo de ponderação. Mais forte que toda piedade é, neste caso, a crença de que pelo contato se absorve poder espiritual. Aliás, a própria Bíblia apresenta um exemplo disto. O Evangelista Lucas conta que uma mulher doente tocou a base da veste de Jesus e ficou imediatamente curada. E em Atos dos Apóstolos está escrito que as pessoas pegavam retalhos da roupa do Apóstolo Paulo e os colocavam sobre os doentes, que, só com isso, recobravam a saúde. A ideia de que o poder de um santo é transmitido pelo toque tem sua origem nos primórdios do cristianismo.

Com certeza, a cena da Catedral de Cantuária consiste num caso peculiar e drástico de autodoação. Mas o anseio pela proximidade física do divino era genericamente difundido na Idade Média e, nas rotas de peregrinação, esta necessidade era satisfeita. Rotas de peregrinação são possuidoras das mais importantes relíquias, às vezes de alguém plenamente santo, talvez até mesmo um companheiro ou contemporâneo de Jesus Cristo. Nelas os peregrinos vêm para absorver a mais poderosa energia, sentir a presença do santo em sua maior intensidade. Nelas a veracidade dos milagres é constatada. Para se ter uma aproximação maior com o divino basta ir à Terra Santa, que não é outra coisa senão uma única e imensa relíquia de contato; mas, como nem todos podem fazer tal viagem, as multidões saciam sua fome de vivência espiritual junto aos esquifes e relicários dos grandes e pequenos locais de peregrinação da Europa.

Vemos aí, portanto, um modo de devoção nitidamente físico. E devo admitir que, às vezes, até eu me atrapalho um pouco com isso. O lugar é mesmo tão importante? A proximidade física é assim tão fundamental? E, por outro lado, percebo que o peregrino medieval não é tão diferente de nós. Quanta gente eu conheço que se sente bem porque um parente próximo recebeu uma providencial sepultura. Essas pessoas sabem exatamente aonde ir ao encontro de seus entes queridos, quando desejam estar com eles. E os parentes de um morto sentem esta necessidade. Não se pode simplesmente romper o contato com o finado, existe o desejo de poder estar por perto, e uma sepultura é o lugar exato onde se pode dar continuidade à relação. Neste sentido, conheço pessoas que lamentam não ter um lugar assim, porque as cinzas do morto foram dispersas alhures. Para onde se voltar? Onde procurar? A coisa é bem assim: devoções e lembranças requerem um local concreto – assim sentimos ainda hoje.

E, depois, há mais uma questão a considerar. Pode ser que, na prática dos peregrinos medievais, manifeste-se, na verdade, a versão popular de um profundo desejo místico. O desejo de se aproximar de Deus o mais que possível, o desejo de fundir-se com Deus, de abrir-se a Ele. Entre os místicos há, por trás de tal desejo, a sensação de que a nossa verdadeira natureza é maior que o nosso ego consciente. Eles encontram na alma a entrada para a compreensão de uma realidade que tudo abrange, e que deve ficar resguardada do entendimento comum. O objetivo de toda mística é nos libertarmos de um ego doente e tirânico, e termos acesso a uma realidade superior. O místico trilha o caminho do mergulho interior, para atingir seu desejo. O peregrino comum, em vez disso, procura a maior aproximação física possível de um santo. E não é que esse mesmo anseio se verifica no próprio Mestre Eckhart (1260-1328), um dos mais proeminentes místicos cristãos da Idade Média? Assim ele define o mais elevado grau do mergulho místico: "Deus deve se aproximar de mim e eu de Deus, numa tal unidade que o *ele* e o *eu* se tornem e sejam um único *é*".

Na veneração das relíquias pode-se notar algo comparável à tentativa de união com uma alta realidade espiritual. Uma tentativa talvez um tanto inábil, na qual o desejo se transforma na própria afirmação de estarmos fazendo parte do divino. Junto à sepultura de um santo, o peregrino assim vivencia, como experiência mental, aquilo que o místico, na contemplação, vivencia como processo espiritual. Em outras palavras: lugares de peregrinação proporcionam um referencial físico para um anseio metafísico, o anseio pela renovação da alma, por purificação e libertação, por algo maior que nós mesmos e que pode nos livrar das prisões da nossa vida no mundo, com suas pequenas lutas cotidianas. Ao menos por um tempo, ao menos o suficiente para que a lembrança se grave em nossa mente para o resto da vida. Se pudermos entender isto claramente, nos aproximaremos do relicário ou da sepultura de um santo com sentimentos diferenciados.

Rotas de peregrinação prometem a satisfação de um anseio e, portanto, são lugares de poder. Centros de energia. Eu mesmo nunca senti isto com tanta força quanto na famosa rota mariana de Lourdes, na França. Poucas semanas antes de me decidir de vez pela vida beneditina me foi dada a possibilidade de fazer mais uma peregrinação. O programa incluía importantes lugares cristãos da França e norte da Espanha, e Lourdes era um deles. Era, na ocasião, o lugar dos meus sonhos.

Verdade seja dita, nessa viagem era tudo confortável. Foi uma viagem de ônibus com tudo organizado da melhor forma. Meu amigo e companheiro das peregrinações anteriores também estava na excursão. A ideia desse empreendimento partiu de um capelão, quando estávamos na cidade renana de Düren; ele achava que seria uma recompensa para jovens católicos que sacrificavam suas férias de verão para se dedicarem a passeios e brincadeiras com crianças de famílias pobres. Naquela época isto era chamado *Stadtranderholung* (recuperação de regiões periféricas). Eu e meu amigo também ajudamos em Düren; depois partimos para Paris.

Jamais esquecerei o padre que nos acompanhou. Um homem forte que espalhava bom humor. Já de manhã cedo, ele cantava as laudes na banheira. Sua cozinheira não ficava atrás; também era uma pessoa adorável. Para a viagem de duas semanas ela trouxe enrolados de carne e outras provisões pré-cozidas! Incansável na sua função, ela trabalhava inclusive no ônibus em movimento. Ainda vejo o jeito como manejava a faca, descascando batatas ou limpando legumes. Uma excursão de espírito meio familiar, meio aventureiro – assim recordo aquela peregrinação, um tipo de coisa que eu nunca vira antes. Tudo aquilo era inteiramente novo para mim. Paris e Notre Dame – eu com o mapa daquela gigantesca cidade na poltrona do ônibus, ao lado do padre! A velha abadia beneditina de Solesmes, centro mundialmente conhecido do canto gregoriano! Orléans, a cidade de Joana d'Arc! Tours, onde São Martinho, o nosso Sankt Martin, foi elevado a bispo! A viagem pelos Pirineus, através de perigosas trilhas na montanha e pontes oscilantes! A passagem da fronteira espanhola que, na época, ainda era uma questão conturbada! Por fim, Zaragoza e as duas tradicionais abadias beneditinas de Leyre e Montserrat – toda a viagem foi uma experiência! Mas, para mim, o ponto máximo foi Lourdes.

Minha primeira sensação foi de decepção. O lugar, a princípio, não me impressionou tão fortemente quanto eu esperava. Imperava um barulho infernal, praticamente o mesmo de hoje, quando Lourdes atrai anualmente seis milhões de peregrinos e dispõe de mais leitos de hotel que Paris. Mais tarde, ocorreu-me várias vezes algo parecido, em peregrinações das quais muito esperava. Eu, finalmente, estava lá, perdido no meio de uma grande multidão, gente esbarrando em mim como nunca antes me ocorrera. Eu preferia muito mais os pequenos lugares santos, onde se pode rezar no completo silêncio. Não, à primeira vista aquele lugar chamado Lourdes a mim nada dizia.

Mas depois vi a multidão de doentes no adro da basílica, em cadeiras de rodas ou amparadas por acompanhantes – aí compreendi: aquele lugar significava para eles uma esperança oposta a suas próprias convicções. Uma utopia mais forte que todos os argumentos. Quando hoje recordo o aspecto daquela gente sofrida, vem-me à memória um painel medieval da Galeria Nacional de Perugia, onde aparecem aleijados reunidos diante de um escrínio sagrado, numa igreja; figuras desgastadas, com muletas e ataduras, que só tinham a fé como apoio. Sim, nos lugares de peregrinação da Idade Média deve ter sido mais ou menos conforme ocorria em Lourdes. Aqueles casos sem esperança apareciam todos ao mesmo tempo para gerar novo ânimo, reunir novas forças, propiciar alegrias. Lourdes era a última esperança para eles. Podiam, no mínimo, esperar por um milagre. Mas todos provavelmente acreditavam que lá ocorrem milagres.

Hoje estou convencido de que essas pessoas não voltam para casa desapontadas mesmo que não tenham vivenciado um milagre, ou se o banho na água curativa não deu resultado, se o toque na parede da gruta não surtiu efeito. Isto porque há um outro efeito, que sempre ocorre: os doentes encontram conforto. Em Lourdes eles vivenciam uma solidariedade jamais experimentada, constatam que partilham seu destino com muitos outros, tornam-se capazes de conviver com seus sofrimentos. Voltam para casa transformados. Isso também é um milagre, e ocorre em Lourdes diariamente, aos milhares.

Conforme eu dizia, em nenhum outro lugar eu senti tão intensamente que lugares de peregrinação também são lugares de poder, nos quais se reduz a cruel distância entre desejo e realidade. Lugares de esperança. E, basicamente, isto ocorre em todos os pontos de peregrinação. O que pode diferenciá-los são suas respectivas histórias de surgimento – e aí voltamos à nossa questão inicial, pois nem sempre a reputação de um lugar se deve à sepultura de um santo afamado, como no caso de Cantuária. Lourdes, por exemplo, não tem relíquias. Tornou-se célebre devido a uma aparição de Maria, assim como em La Salette, assim como Fátima, em Portugal. Aparições de Maria como essas foram frequentes no século XIX, e as mensagens que trouxeram destinavam-se a um mundo que não mais se apoiava no cristianismo tanto quanto o mundo da Idade Média. Lugares de peregrinação mariana pertencem, portanto, a um tipo moderno de meta peregrina, e talvez tenhamos nisso uma base para seu esplendor inquebrantável.

Há casos em que imagens da graça exercem o mesmo efeito atrativo que as relíquias, tais como esculturas da santa ou crucifixos cujo prestígio foi intensificado por milagres. A Virgem de Guadalupe, no México, é, para mim, um exemplo disto, bem como a Santa Negra de Le Puy, na França – pontos de peregrinação que sobem cada vez mais na escala das preferências. Saíram completamente de moda aqueles lugares de peregrinação associados a milagres de sangue. Seus mais preciosos tesouros eram hóstias das quais brotava sangue – mais precisamente o sangue de Jesus Cristo. Teologicamente falando, o milagre de sangue pode convencer o cético de que Cristo se faz mesmo presente em forma de pão. Esses lugares tiveram uma fase de grande prosperidade na transição da Idade Média para a Renascença, mas logo caíram no esquecimento. O exemplo mais conhecido disto é o lugarejo de Wilsnack an der Elbe, que, entre todos os pontos de peregrinação, chegou a ocupar o 4º lugar no *ranking*, logo depois de Roma, Jerusalém e Santiago de Compostela! (Voltarei a falar de Wilsnack.) Decididamente, a cidade de Jerusalém e a Terra Santa possuem, entre todos os pontos de peregrinação, um lugar de destaque. Como cenário visível da História Sagrada, tudo lá é impregnado de uma luz metafísica que dispensa qualquer milagre, relíquia ou aparição.

A conscientização a respeito dos santos é, porém, algo que um peregrino de fé pode realizar em qualquer lugar de peregrinação. Agora talvez se entenda melhor por que o peregrino não encara sua viagem como uma experiência cansativa, e sim como a promessa de um objetivo. Eu me pergunto se algo semelhante não ocorre com peregrinos atuais. Após o contato com o santo, ao final do caminho, não há muito a acontecer em seguida – mas já não é muito obter a clareza de si próprio? Só isto já é uma experiência extraordinária.

# 4

# "Como é bom e proveitoso visitar seu túmulo!"

## *Entrada num mundo de milagres*

Lugares de peregrinação são locais sagrados, locais de esperança, locais onde se operam plenas transformações? Não é esperar demais de um lugar? Aquela mescla de devoção com comércio, o tumulto, o *kitsch* religioso, além de tantas lendas absurdas atribuídas a certos lugares – tudo isso atrapalha tanto a fé quanto a razão. Existe muita conversa fiada. Eis aí um pequeno exemplo, algo muito singular, que vi no dia da minha chegada em Lourdes: água de Lourdes em forma de pílulas! Pois não é que se vendiam pílulas, nas quais estaria induzido o poder da água de Lourdes... Para produzi-las, bastava abrir uma torneira qualquer, em casa... Eu mal podia crer no que via. E aquela tramoia tinha aprovação lavrada em certificado do Papa Leão XIII. Comprei uma latinha e a guardei por longo tempo, não por respeito, mas como um exemplo vivo dos excessos a que a devoção pode levar.

Mas o charlatanismo não está em toda parte? O comércio da esperança, o próspero negócio com os sonhos dourados das pessoas, a fantasiosa satisfação do prazer devocional – não são coisas de longa data nos lugares de peregrinação? Será que não existe aí uma nítida linha divisória entre fé e mágica, devoção e crendice, promessa e engodo? Vocês nem imaginam as "relíquias" que, mais tarde, quando estudava em Roma, eu cheguei a ver! Um punhado do monte de esterco onde Jó se sentou, um fio de cabelo da Mãe de Deus, até uma pequena amostra da escuridão do Egito, guardada num frasco de vidro. Não havia limite para os absurdos, e nós, jovens estudantes de teologia, abominávamos tudo aquilo.

Mas como pode haver tanta fraude? Neste assunto de relíquias, hoje eu seria mais cauteloso. Hoje eu entendo que não podemos medir com nossas medidas o mundo de milagres e maravilhas que aguardava os peregrinos medievais. Antes de nos aprofundarmos nesse mundo, devemos ter em mente o seguinte: nosso conceito moderno de realidade baseia-se nas noções da ciência e da investigação histórica e, naturalmente, muita coisa que convencia o peregrino de séculos atrás nos parecerá abracadabra e simplismo, por não ter base científica. Relíquias, lendas de santos, relatos de milagres – observados através das nossas lentes – raramente serão considerados autênticos ou possíveis.

Mas, para o homem medieval, nada disso importa. Ele quer justamente ultrapassar o restrito horizonte experiencial, que, para nós, é a última fronteira. Ele quer vivenciar de perto as coisas inauditas de que ouviu falar. Ele se apoia diretamente no vislumbre do intangível. Para ele, torna-se interessante exatamente aquele espaço onde o entendimento não penetra, onde, no entanto, ele depara com imagens, indícios e histórias, com os quais ele pode dar início a algo, coisas que lhe tocam e revolvem o espírito, porque lhe dão acesso a um anseio oculto, ou eventualmente lhe conferem experiências vibrantes de uma dimensão maior e, portanto, de significado mais profundo.

Então é verdade que se produz uma forte ressonância em sua alma, e essa verdade não vem de coerências científicas nem de comprovações históricas. E continua sendo verdade, mesmo que a relíquia não tenha origem comprovada, mesmo que a lenda não esteja ligada a nenhum fato histórico. E, observados de tal modo, todos aqueles ossos sagrados e supostos fragmentos de veneração – inclusive os mais absurdos, como o esterco de Jó ou o frasco com a escuridão do Egito – servem como uma espécie de *Biblia Pauperum*, uma Bíblia para os não instruídos. Toda relíquia traz à memória um determinado episódio da História Sagrada, e expõe seu inventário como se tudo houvesse acontecido ontem. Cada relíquia faz de um santo um conhecido meu, e o aproxima de mim como um exemplo com o qual vale a pena eu querer me identificar. Enfim, aos olhos de um peregrino medieval, esse mundo de milagres em que ele ingressa representa o lado melhor da realidade.

E tal realidade chega até nós ainda hoje, na rica literatura medieval, muitas vezes drasticamente mesclada com aquela realidade que, para nós, foi e é a única verdadeira. Nos relatos das experiências de peregrinos que viajaram longas distâncias e regressaram realizados os dois aspectos convivem sem problemas: são, por um lado, cheios de descrições da realidade, muitas vezes brutal, de quando viajamos em terra estranha, com sérias advertências sobre os males frequentes e perigos constantes; e, por ouro lado, repletos da admiração devota diante do poder com o qual o divino ganha cada vez mais espaço neste mundo. Em outras palavras: esses relatos desfazem ilusões e, ao mesmo tempo, despertam esperanças. Eu citaria, como fundamentais, quatro testemunhos da fase áurea das peregrinações, isto é, dois manuais de peregrinação e duas testemunhas oculares.

Falemos, primeiramente, do chamado *Liber Sancti Jacobi*, o Livro de Santiago, escrito provavelmente por volta de 1140, retratando, portanto, as circunstâncias do caminho de Santiago na primeira metade do século XII, composto de cinco partes distintas e interessantes, que esclarecem a respeito do caminho de Santiago de Compostela. Cada parte observa um ângulo totalmente particular da questão. Assim, na primeira parte, encontramos um retumbante sermão de punição para os maus costumes e abusos que, naquela época, já eram frequentes ao longo dos caminhos de peregrinação, inclusive em Santiago. A segunda parte contém uma série de milagres atribuídos aos santos cujas sepulturas dispõem-se ao longo do caminho de Santiago, parte na França, parte na Espanha – sendo que o autor, segundo suas próprias notas, só se responsabiliza pela citação dos milagres mais dignos de crédito. A quinta parte consiste num guia organizado de viagem para os peregrinos de Santiago, esclarecedor e também agradável de se ler, no qual o autor adverte claramente quanto às características não muito lisonjeiras de algumas populações com as quais seria inevitável travar contato ao longo do caminho. A autoria desta última parte é atribuída a Aymeric Picaud, um padre das cercanias de Poitiers, no oeste da França. Não é certo, porém, que o trabalho completo se deva a ele. É certo que ele fez, pessoalmente, pelo menos uma peregrinação a Santiago, o que é confirmado pelas experiências desagradáveis que ele relata.

O autor do segundo *Manual do peregrino*, o alemão Hermann Künig von Vack, um monge mendicante da ordem dos Servitas, aborda o assunto de modo totalmente diferente. Com base na sua viagem a Santiago, cuja ocasião pode ser estimada por volta de 1495, ele escreveu um manual prático para peregrinos, sob o título *Die walfart und Strass zu sant Jacob* ("A peregrinação e o trajeto até Santiago"), enumerando, em poucas palavras e de modo claro, todas as etapas do caminho de Santiago, desde Einsiedeln, na Suíça, até Santiago de Compostela – tudo em versos rimados, de modo a gravar na memória. O manual completo orienta o peregrino no sentido de se manter longe de problemas. Sua maior preocupação era com o bem-estar físico dos peregrinos, pois, conforme está dito numa passagem sobre o trecho do sul da França:

*Auf dem Wege findest du weder Trinken noch Essen,*
*deiner Flasche und Sack sollst du nicht vergessen.*
*Und sollst dich mit Wein und Brot wohl beladen,*
*fürwahr, es bringt dir keinen Schaden.*
*Du findest zwar zwei oder drei Tavern,*
*aber die geben den armen Brüdern nicht gern.*

(No caminho não acharás de beber nem de comer,
teu cantil e tua sacola não deves esquecer.
Deves bem te guarnecer de vinho e pão,
assim nada te ocorrerá de malsão.
Com duas ou três tabernas haverás de topar, na certa,
mas aos pobres irmãos nada vão dar de mão aberta.)

Ainda no final do século XV, alguns locais eram *questão de sobrevivência* para os peregrinos de Santiago, e, com muita propriedade, Hermann Künig aconselha seus leitores a manter uma fé segura, mas sobretudo lhes fornece informações dignas de crédito sobre as extensões e pontos de parada de cada etapa, os trechos mais difíceis, opções de pernoite e hospedarias, bem como a tendência amigável ou antipática dos moradores e hospedeiros regionais. No que se refere ao próprio São Tiago, Künig não entra em pormenores de alta santidade – talvez pelo fato de escrever para peregrinos alemães, e lhe pareça que o manual deva servir, mais que tudo, como um eficiente plano de viagem.

O que não se pode concluir daí é que 350 anos depois do *Liber Sancti Jacobi* os milagres tenham perdido genericamente a credibilidade, ou que a veneração de relíquias tenha caído de moda. Enfim, o primeiro relato de testemunhas oculares, em cujo tema pretendo me estender, remonta à mesma época do manual de Hermann Künig e manifesta um interesse de igual intensidade por tudo que a História Sagrada e a da Igreja têm a oferecer em matéria de feitos prodigiosos e milagres. São memórias de viagem do cavaleiro do Baixo Reno Arnold von Harff (1471-1505), que, desde 1496, viajou por dois anos como peregrino e veio do extremo leste do Mediterrâneo ao Atlântico, ou seja, partindo de Jerusalém, passou por Roma e, de lá, cruzou o sul da Europa até Santiago de Compostela. Já o mencionei no primeiro capítulo. Harff possuía um modo todo seu de lidar com contradições e improbabilidades: ele as registrava por completo, mas não se perturbava. O que destoava, ele simplesmente olhava e passava adiante. Teriam sido preservados mais de dois braços do Apóstolo Paulo? “As falsidades religiosas eu deixo que Deus identifique”, ele comentou, lacônico. Além disso, enumerou com precisão o que os mosteiros e igrejas ao longo do seu caminho apresentavam como atrações sacras – muitas das quais tão desconcertantes quanto o esterco de Jó ou a escuridão do Egito dentro de um frasco.

O segundo relato de viagem vem de uma mulher, a também já citada inglesa Margery Kempe (1373-1438). No ano de 1413, ela parte, certamente sozinha, o que mesmo para um homem já era bastante incomum, mas para uma mulher era algo simplesmente fora de questão. No ano seguinte a encontramos em Jerusalém, em Roma, em Santiago, até mesmo em Wilsnack e Aachen – a despeito de todas as intempéries, sem pensar nos perigos, muito embora ela não fosse, de modo algum, do tipo destemido. Mas o mundo dos milagres que ela vivencia nos lugares santos da Cristandade tem para ela um poder irresistível de atração e uma significação avassaladora. Na proximidade de um santo, ela reage fisicamente. E, ao passo que Arnold von Harff registra com fria curiosidade tudo o que vê, para Margery Kempe a simples visão de uma hóstia pode proporcionar transes de êxtase. Vendo o estado em que ela fica ao clamar por um santo, nem aqueles que acreditavam nos milagres do mesmo conseguem aturar a devoção exaltada da mulher. Seu gosto pelo empreendimento é, aliás, tão impetuoso quanto o do cavaleiro renano, razão pela qual devemos a ela um dos mais completos e coloridos relatos de peregrinação.

São estas as mais importantes fontes que temos para nossa viagem imaginária aos vestígios dos peregrinos medievais. Então, por onde começar? A melhor forma é justamente a partir do *Liber Sancti Jacobi* de 1140, cuja segunda parte se ajusta bem como preparatória desta viagem. Aqui lidaremos com uma coletânea mista de lendas e milagres que, de início, nos apresentam os mais importantes santos ao longo do caminho de Santiago, além do que nos informa sobre os milagres dos quais cada um deles é autor exclusivo, o âmbito em que sua ajuda é confiável, as razões pelas quais deram o que falar no passado – enfim, o porquê de se recomendar uma visita urgente às suas tumbas. Há, por exemplo, em Arles, no sul da França, os restos mortais de São Genésio, cuja história vamos ver a seguir:

"Num povoado próximo a Arles [...] encontra-se uma esplêndida e muito alta coluna de mármore, erguida na área atrás da igreja dedicada ao santo, na qual alguns infiéis amarraram São Genésio e o decapitaram. Até hoje são vistos lá os vestígios purpúreos de seu sangue. O santo, porém, após sua decapitação, lançou, com as mãos, sua própria cabeça no Rhône, e seu corpo foi levado pela correnteza até a Basílica de Santo Honorato, onde foi dignamente sepultado. Sua cabeça, no entanto, foi levada pelo Rhône até o mar e, por um anjo, até a cidade espanhola de Cartagena, onde passou a repousar em glória e realiza muitos milagres".

Entretanto, Genésio costuma ser ofuscado por Santo Egídio, cujo túmulo também se encontra em Arles. Porque, "depois dos profetas e apóstolos, nenhum outro santo é tão honrado, santificado ou glorificado quanto ele, e ninguém espera o auxílio dos demais tão rápido quando o seu. Quando os mais necessitados, os mais oprimidos e atemorizados o clamam, ele frequentemente acode mais rápido que os outros santos. Como é bom e proveitoso visitar seu túmulo!" Vêm, em seguida, amostras de seus milagres até então realizados, onde lemos: "Um doente estendeu sua túnica e ficou curado; um picado por cobra foi salvo por sua inesgotável virtude; um possuído pelo diabo foi libertado, uma tempestade marítima cessou. [...] Uma corça, antes indócil, ao seu comando ficou domada. [...] Sim, é mesmo verdade que duas portas de cipreste, adornadas com imagens esculpidas do santo apóstolo, foram trazidas de Roma pela correnteza do mar, até o porto do Rhône, sem condução, só por ordem do santo.

Minha memória é insuficiente". Assim conclui o autor deste relato: "Para poder relatar todos os seus gloriosos feitos, tantos e tão significativos eles são".

Há santos que são especializados num determinado tipo de milagre – assim é São Leonardo, cujo túmulo os peregrinos jamais devem deixar de visitar, caso passem por Limoges: "O prestígio do santo confessor Leonardo de Limoges como que espalha por todo o globo uma espécie de ternura divina. Seu poder já libertou milhares de prisioneiros do cárcere. Milhares e milhares de correntes de ferro acumulam-se na basílica, algumas de aspecto tão estranho que é quase impossível descrevê-las. [...] Se tu vires lá as colunas com as inúmeras, sim, incontáveis peças de ferro acumuladas, ficarás mais estupefato do que eu poderia dizer. [...] O mais admirável é que ele surgia diante dos prisioneiros, no cárcere – sim, lá do outro lado do mar – em sua forma bem nítida, conforme testemunharam aqueles que por ele foram libertados graças ao poder de Deus".

Às vezes parece que os poderes sobrenaturais tomam a liberdade de fazer uma brincadeira sutil, como no caso de São Hilário de Poitiers, que, durante um concílio, teve o desejo de sentar-se e o chão prontamente arqueou-se para cima, à sua retaguarda, "e assim lhe concedeu um assento". Não posso conter uma risadinha quando imagino esse milagre. Parece mais uma cena de algum filme de fantasia elaborado com os mais refinados truques digitais. Talvez nos leve justamente a uma ideia que esses efeitos especiais de última geração podem transmitir: nesse mundo de milagres não há nada, absolutamente nada, que seja impossível. Tudo é concebível, tudo é imaginável. Muitos desses milagres não recebem o mínimo crédito do leitor, mas impressionam, espantam, despertam admiração. Para isto serve o tom bombástico que o autor quase sempre usa. E serve também toda aquela tralha de imagens, em parte com histórias macabras – como aquela de São Genésio atirando a própria cabeça no Rhône –, em parte com histórias que tocam o coração – como a de São Leonardo livrando cristãos de cárceres sarracenos. Em resumo: no âmago desta segunda parte do *Liber Sancti Jacobi* aloja-se uma dramaturgia literária característica, apropriada ao gosto de um vasto público.

Nada é impossível, tudo é concebível – com esta premissa, o autor oferece ao leitor um argumento inicial para uma peregrinação. E tem mais um a apresentar. No capítulo sobre o libertador Leonardo, ele ressalta a peculiaridade deste santo, cujo poder é capaz de atravessar o Mediterrâneo até a costa norte-africana. Isto significa que Leonardo é a exceção, é aquele que vai além de sua própria área. Numa situação normal a coisa é diferente. Normalmente a irradiação de um santo tem seus limites, cada santo tem sua área de atuação delimitada e a energia que emana de seu túmulo dilui-se com a distância. Portanto, se desejamos a ajuda de um santo, normalmente temos que nos colocar dentro de sua área geográfica, coisa que os encarcerados não podem fazer, razão pela qual São Leonardo dispõe de uma liberdade de movimento a que eles não têm acesso. A maioria dos santos, porém, têm seu espaço de atuação demarcado. Se assim não fosse, a peregrinação seria uma coisa supérflua.

Muitos outros milagres desse gênero se encontram na lista, todos muito fantásticos. Qual será o sentido disto, já que o autor só leva em consideração aqueles mais passíveis de crédito, os, por assim dizer, milagres autênticos? Tudo mentira e enganação? De minha parte, estou seguro de que ele os mencionou de boa-fé, assim como seus leitores também não tinham por que duvidar da veracidade daqueles milagres. Nós, leitores atuais, provavelmente reagiríamos assim: "o que a gente encontra aí é a mais evidente tralha propagandista. Os hoteleiros do caminho de Santiago teriam muito a agradecer. Mas, naturalmente, todos esses milagres saíram do mundo da carochinha. Pura invenção".

Será mesmo?

Talvez devamos ser mais comedidos com nossos julgamentos, pois não faz sentido um lugar de peregrinação de origem medieval totalmente desprovido de milagres. Hoje não se consegue muita coisa só com campanhas publicitárias, se o produto deixa a desejar – e, no passado, elas também eram insuficientes para pôr em marcha milhões de pessoas ao longo de séculos. Mais que aquelas listas oficiais de milagres, a fama de um santo, divulgada pela propaganda boca a boca, atrai o peregrino em função de uma experiência incomum, uma cura inexplicável ou o atendimento de uma prece. Essas pessoas falam por experiência própria. Ficam subjetivamente convictas de que vivenciaram um milagre, e também se tornam testemunhas dignas de crédito para seus ouvintes.

De qualquer modo, é costume deixar o milagre registrado no lugar de sua ocorrência; os guardas incumbidos de proteger as preciosas relíquias atuam, em tais casos, como testemunhas e confirmam curas espontâneas. Ao regressarem, os peregrinos contam a respeito a parentes e conhecidos. Parte da gratidão por uma prece atendida consiste em relatar o ato magnânimo de um santo, e assim a fama do santo local se alastra gradualmente até às regiões mais longínquas – dentre os peregrinos que acorreram a Wilsnack an der Elbe, veio, por exemplo, uma boa quantidade de noruegueses, e os cueiros de Jesus, em Aachen, contam sem dúvida com a preferência dos peregrinos húngaros. Mas, como sempre, tais milagres são hoje valorizados porque nos lugares de peregrinação ocorrem coisas fora do concebível. E um santo popular deve estabelecer uma certa credibilidade no momento atual, caso contrário cairá no esquecimento. Se as narrativas de milagres se esgotam, esgota-se também o fluxo de peregrinos.

O conceito da necessidade de se registrar os milagres por escrito, e assim torná-los conhecidos pelo povo, remonta, segundo as evidências, ao surgimento dos primeiros pontos de peregrinação. Algumas narrativas de milagres já surgem no século X, e supostamente têm a ver com São Tiago. O local do seu túmulo, nos confins da Galícia, foi saqueado a tal ponto que seriam necessárias medidas especiais para resgatar sua história. Não foi má ideia divulgar casos de milagres relacionados a ele. A crença no poder sobrenatural dos santos é, porém, muito mais antiga. Tinha já longa tradição naquela época.

Existe em Roma uma prova incontestável de sua Antiguidade. No século XIX, durante uma obra de reforma, descobriram, debaixo do altar da Basílica de São Paulo, um túmulo de mármore bruto, dentro do qual havia um tosco ataúde. A tampa do túmulo trazia a inscrição *Paulus Apostel Martyrer*. Não ficou provado que aquele túmulo guardasse realmente o caixão do Apóstolo Paulo, que fora decapitado muito próximo dali. Mas aquela tampa tem, para nós, um valor extraordinário. Ela apresenta três aberturas, uma circular e duas retangulares, que servem, sem dúvida, para a introdução de objetos no interior do túmulo. Através da abertura circular, seria provavelmente introduzido um incensório, em determinados dias santos. E, através das aberturas retangulares, poderiam se introduzir fitas, panos e vestimentas, para que tocassem o caixão do santo – por qual outro motivo seria, a não ser a esperança de possuir algo que esteve em contato com a força do santo? Uma vez que a tampa é originária da época do Imperador Constantino, podemos dizer seguramente: a crença no poder miraculoso dos ossos de um santo remonta a tempos longínquos, aos primórdios do século IV.

Em outras palavras: a jovem igreja valorizava os ossos dos mártires e de outros santos, como algo perpetuamente precioso. Eram fontes de poder, armazenavam energia santa e a emanavam eternamente para a posteridade. É com base neste ponto de vista que as antigas edificações de igrejas muitas vezes eram feitas diretamente sobre tumbas de mártires; em alguns casos, uma passagem conduzia até esses túmulos, de modo que qualquer um pudesse tocá-los. Mais tarde, tornou-se um costume geral guarnecer os altares das novas igrejas com relíquias de santos. E assim é ainda hoje – no Mosteiro de Sankt Ottillien, em minha terra natal, também temos uma pequena coleção de relíquias, bem como em Santo Anselmo, onde exerço minhas atuais funções, existe um estoque de relíquias.

Mas esse costume não tardou a gerar um problema: a necessidade de ossos de santos remonta aos primórdios da Idade Média. A Cristandade se alastrou rapidamente, agora também ao norte dos Alpes, e, com cada nova igreja consagrada no reino carolíngio, cada novo mosteiro erguido ao longo do caminho de Santiago, surge a questão: como chegar aos restos mortais dos santos que procuramos? O estoque já estava limitado e, por fim, acabou.

A princípio, nos tempos turbulentos das migrações, durante os séculos VI e VII, pode ser que os monges e clérigos, quando forçados à fuga, levassem consigo os restos mortais de seus santos e os dividissem pelos mosteiros que lhes concediam proteção ao longo do caminho. Mais tarde, desenvolveu-se um verdadeiro comércio de partes de corpos a que se atribuíam capacidades milagrosas, e muitas viagens de homens de igreja a Roma eram voltadas principalmente à aquisição de relíquias. Às vezes, quando ocorriam dificuldades nas negociações, ou se a comunidade do mosteiro não dispunha de dinheiro suficiente, simplesmente se tomava a iniciativa de subtrair uma relíquia de algum lugar – o que não era tido, de modo algum, como violação, e sim justificado como "roubo santo". Um dos mais famosos casos desse tipo ocorreu, por sinal, no ano 672, nos domínios da nossa ordem, e foi o desvio dos ossos de São Bento, retirados de Montecassino, onde haviam sido originariamente sepultados, e os autores do furto não foram senão monges do já mencionado Mosteiro de St. Benoit, às margens do Loire. Entretanto, eles tiveram suas razões para o saque, pois o Mosteiro de Montecassino estava, por sua vez, abandonado, e os Longobardos estavam a ponto de pilhá-lo. Mais tarde, os monges de St. Benoit até davam a entender que o próprio santo parecia aprovar a mudança, o que era atribuído aos muitos milagres que passou a realizar em seu novo endereço.

Seja como for, não há método de aquisição imaginável que meus confrades daquela época não tenham utilizado. Mas, nesse ínterim, os contínuos sumiços de relíquias jamais foram remediados, porque, em meio a isso, constatava-se de que os santos não só davam proteção e ajuda, mas também enchiam de dinheiro os cofres de mosteiros e igrejas, atraíam peregrinos, vitalizavam a economia. Era a época em que se procurava substituição para os santos propriamente ditos, o que era feito com a introdução das chamadas *relíquias de contato*.

O que vem a ser isso? Basicamente, uma relíquia de contato pode ser qualquer objeto que esteve ou poderia ter estado em contato com uma personagem das histórias bíblicas, ou com um santo. Lascas da cruz de Cristo pertencem a esta categoria, assim como punhados do solo da Terra Santa, vestes, artigos de uso, instrumentos de martírio, os cueiros em que Maria envolveu o Filho de Deus, até o hábito que Thomas Becket usava quando foi assassinado, do qual o povo, na Catedral de Cantuária, à noite, procurou levar pedaços. Relíquias de contato abrem um vasto campo para a fé nos milagres, e, quando um doente é lavado com água dos vasos de flores num povoado montanhoso do México atual, quando peças de roupas suas são estendidas sobre o altar, antes que ele as torne a vestir, isso é uma variante da fé nas relíquias de contato.

Quando o cavaleiro Arnold von Harff empreendeu sua viagem, o culto às relíquias estava em pleno vigor. A gente quase perde o fôlego quando lê a respeito do que, ao longo do caminho, ele viu em matéria de relevâncias da História Sagrada, principalmente as relíquias de contato reunidas nas igrejas da época. Roma, por exemplo, possui um incomparável tesouro em relíquias, e nem Arnold von Harff consegue conter o assombro. A princípio, dirigiu-se à Basílica de São João de Latrão, onde, por trás de uma grade, no altar-mor, são vistas as cabeças dos apóstolos Pedro e Paulo. Depois, segundo seu relatório de viagem, seguiu para o túmulo de João Evangelista, onde, bem ao estilo da lista de milagres do *Liber Sancti Jacobi*, estava escrito sob o altar: "Quando ele estava às portas da morte, surgiu uma nuvem de luz ao redor da tumba. Quando ela desapareceu, em seu lugar havia pão celestial. Diante deste altar todos os pecados são perdoados".

Continuando a andar pela igreja, descobriu uma profusão de relíquias de contato, dentre as quais as toalhas com que Cristo teria enxugado os pés de seus discípulos, após tê-los lavado, um pedaço da mesa na qual ele partilhara a última ceia com os discípulos, um pedaço da laje sobre a qual a Mãe de Deus teria desfalecido quando soube que seu filho fora preso – e, na laje, havia a marca de seus dedos. Um cajado usado por Moisés quando vagava pelo deserto. Um retrato de Jesus Cristo, feito a mão pelo evangelista Lucas, e, portanto, fiel à imagem verdadeira.

Em seguida, Arnold von Harff procurou a Igreja de Santa Maria Maior, onde ficou impressionado com o berço onde repousara o Menino Jesus, bem como com um feixe de palha de sua manjedoura em Belém. No entanto, a mais proveitosa foi a visita à terceira igreja de sua rota, Santa Cruz de Jerusalém, onde podia ser vista, junto a incontáveis acúmulos sagrados, a corda com a qual Cristo fora atado à cruz, antes de ser pregado na mesma. Um pedaço da esponja da qual, em suas últimas horas na cruz, ele teria bebido. Doze espinhos de sua coroa, a placa com a inscrição feita por Pôncio Pilatos, um pequeno monte de cinzas, que restara de São Lourenço, após ele ter sido queimado numa grade de ferro em brasa. Em seguida, um frasco rotundo contendo a cabeça de São Vicente flutuando em líquido, e, ainda, dois recipientes, um com algum leite da Mãe de Deus e o outro cheio de sangue de Jesus Cristo.

Em sua etapa seguinte, em São Lourenço, deparou com as pedras com as quais Estêvão fora apedrejado, e reparou no sangue ainda aderido a elas. E, na próxima igreja romana, deve-se mencionar também a corda na qual o traidor Judas teria se enforcado após cometer sua traição, bem como as migalhas de pão que haviam sobrado da refeição dos cinco mil às margens do

Lago de Genesaré. E, por fim, uma túnica de Cristo, que sua mãe confeccionara em sua juventude e que teria acompanhado seu crescimento.

Inacreditável tudo o que ele encontrou em seu caminho da Terra Santa a Roma! Arnold von Harff anotou meticulosamente o inventário de relíquias de cada igreja, e assim seu relato de peregrinação resultou em muitas páginas de um registro mais ou menos completo de cada peça que teve – ou pudesse ter tido – participação no Novo Testamento. Até os mais piedosos entre nós classificariam esses acervos na categoria das *curiosidades*. Mas o que poderiam significar para os peregrinos medievais? O que poderia deduzir a respeito deles um homem como Arnold von Harff?

# 5

# "Cabe a Deus julgar os erros dos clérigos"

## *Ossos sagrados e outras relíquias*

Vamos ver, primeiramente, uma história sobre o Mosteiro de Sankt Ottilien, que fica na minha terra. Nós temos lá um irmão idoso, o Padre Rochus, antiquado nas opiniões, antiquado também na aparência, com seu cavanhaque. Há cinquenta anos ele exerce o cargo de hospedeiro, e, além de desempenhar suas funções cerimoniais, também ensina religião em nosso ginásio. Padre Rochus se prende a conceitos bem radicais. Para ele é incontestável a máxima: "O papa tem sempre a última palavra!" Se há alguém de quem podemos esperar surpresas, este é ele. Certo dia, ele entrou em nossa sacristia e lá depositou algumas relíquias, para verificar sua autenticidade.

Aí tudo veio abaixo. Nossa cabeça de Santa Úrsula era, na verdade, uma cabeça de madeira, em cujo topo fora encaixado um pequeno fragmento de osso. E uma outra relíquia revelou-se precisamente como um osso de galinha. Resumindo: algumas peças que, ao longo dos tempos, nos foram presenteadas como relíquias, desapareceram, graças à quase herética meticulosidade do Padre Rochus, para nunca mais serem vistas em algum canto sossegado da sacristia.

Mas há coisas de cujo valor não temos dúvida. O acervo de Sankt Ottilien compõe-se, em parte, de peças cuja procedência é efetivamente garantida. Neste sentido, por exemplo, a abadia foi presenteada, por ocasião da atuação de monges beneditinos na Coreia, com um osso de um braço de Andreas Kim, o primeiro padre coreano e santo nacional da Coreia. Também temos ossos de jovens africanos, que, em 1886, perante a corte do rei ugandense, deram a vida por sua fé – alguns desses ossos em belas caixas de estilo *art nouveau* –, bem como um osso de um braço de Santa Otília. Essas relíquias de autenticidade constatável eram colocadas no altar da igreja do Mosteiro de Sankt Ottilien em determinados dias santos. Com as últimas obras de reforma da igreja, encontraram seu lugar definitivo sob o altar-mor, onde são bem visíveis em qualquer ocasião.

Um costume bárbaro? A mim parece totalmente razoável. Enfim, Sankt Ottilien é um mosteiro missionário, e não são poucos os nossos monges que pagaram com a vida o serviço que prestaram na China, Coreia e África Oriental. Com estas relíquias a congregação se mantém na tradição da abadia. Reconhecem a veracidade de suas histórias e relembram os sacrifícios que seus predecessores fizeram no passado. Portanto, nós cumprimos um dever com as nossas relíquias, e da mesma forma eu entendo o culto medieval às relíquias.

Não há dúvida – grande parte das relíquias de contato com que Arnold von Harff se deparou em Roma era falsificação ou pura invenção. Provavelmente a maioria. Mas aquela tralha fantasiosa era mais que uma espécie de *parque de diversões cristão*. Pode ser que o espectador da época acreditasse piamente que todas aquelas cordas, montes de palha e espinhos eram provas cabais da veracidade das histórias bíblicas.

A Igreja, no entanto, visa, com isto, também outro objetivo: demonstrar continuidade. Também em termos materiais, a Igreja se comporta segundo uma tradição que remonta ao tempo em que Jesus Cristo viveu na Terra, e a antes disso. Até para o mais bizarro objeto ela reivindica uma herança espiritual. Ao mesmo tempo – isto é verdade – oferece bases palpáveis à credulidade da fé cristã – sobretudo para aquelas pessoas que não conseguem acompanhar as bases teológicas com sua complicada cadeia de argumentações e subdivisões entremeadas. Tudo isso é, como foi dito acima, uma *Biblia Pauperum*, uma Bíblia para os mais simples.

O mundo quer ser enganado? Não creio. No universo dos símbolos e indícios cristãos, todo tipo de relíquia tem seu lugar. Aliás, para o peregrino que caminhou penosamente até Roma, o problema da autenticidade não é relevante. Quando Arnold von Harff, o fidalgo esclarecido do Baixo Reno, anda de igreja em igreja cheio de curiosidade, não procura evidências. Pelo menos não demonstra. Ele simplesmente crê no que vê. Talvez porque até mesmo as peças mais inverossímeis exerçam sobre ele uma fascinação que ele não está nem um pouco interessado em deixar de sentir. Evidentemente, havia naquela época um forte anseio por requisitos autênticos da História Sagrada, o anseio de alguém que não está lá muito propenso a reconhecer que também se contenta com falsificações. O que lhe interessa aí é a possibilidade de entrar em contato com fundamentos visíveis da fé, tornando-se, de certo modo, uma testemunha ocular da História Sagrada. E, à nossa maneira, temos ainda hoje este mesmo anseio.

Por que, afinal, tanto se cobiça tudo que se vende ou leiloa do legado de personalidades famosas? Uma guitarra de John Lenon, um traje cinematográfico de Audrey Hepburn, um par de óculos de Gandhi, um isqueiro que pertenceu a Peter Fonda – isso tudo não é relíquia de contato? Coisas assim devem seu valor exclusivo ao mundo de onde vieram, aquele mundo inacessível a pessoas comuns, o mundo dos santos modernos, os astros ou grandes vultos da história. E quem adquire alguma dessas recordações espera, de fato, sentir sobre si um raio luminoso daquele mundo. Evidentemente, tal como no passado, também hoje a razão perde o poder diante de uma fé profundamente enraizada, objetos podem irradiar uma força especial e estendê-la aos seus possuidores. Só mudaram as origens de tal força.

Alguns de nós, no entanto, ficaríamos embasbacados diante de uma credulidade capaz de aceitar que um recipiente com leite da Virgem Maria, ou migalhas de pão da refeição dos cinco mil, sejam relíquias autênticas. É mesmo de fazer rir a gente saber que, numa certa época, tudo aquilo era tido como evidência da verdade. A literatura medieval, às vezes lida com a lógica de um modo decididamente despreocupado, e um dos melhores exemplos disso pode ser encontrado no *Manual do peregrino de Santiago*, de Hermann Künig von Vach.

Künig lança-se à tentativa de dar como certo um milagre absolutamente bizarro, numa passagem referente à localidade espanhola de Santo Domingo de la Calzada. Todo peregrino atual do caminho de Santiago conhece essa pequena cidade, todos se lembrarão das galinhas vivas sobre o altar da igreja, e a maioria deve conhecer a lenda a que são associadas. Na Idade Média essas galinhas eram uma grande atração, e o próprio autor – coisa estranha para um homem tão esclarecido – dava crédito ao suposto fundamento daquilo. Vou explicar brevemente o que aquelas galinhas têm de especial, por que elas nos dão a uma amostra direta da lógica medieval:

O filho de uma família de peregrinos de Colônia foi acusado de roubo e, apesar de inocente, o prefeito o condenou à morte. O rapaz foi enforcado e os pais seguiram, amargurados, seu caminho até Santiago. Na volta, tornaram a passar por Santo Domingo, viram o filho ainda pendendo da forca e se deram conta de que estava vivo. Ocorria um milagre: São Tiago estivera o tempo todo sustentando o rapaz nos ombros! Os pais correram até a prefeitura – onde o prefeito estava justamente sentado à mesa, diante de um prato de galinhas assadas – e lhe deram a boa notícia. Mas ele riu na cara dos dois e vociferou: – Vosso filho está tão morto quanto estas galinhas aqui! Subitamente um segundo milagre se deu: numa fração de segundo, as galinhas assadas bateram asas e fugiram voando pela janela. É claro que o filho foi imediatamente solto da forca e devolvido aos felizes pais. Esta é a lenda.

Pois Hermann Künig leva o milagre das galinhas a sério, e cita duas evidências de que tudo aquilo teria realmente acontecido. No seu *Manual do peregrino* se lê:

*Ich weiss fürwahr, dass es nicht ist erlogen,*
*denn ich selber hab' gesehen das Loch,*
*daraus eins dem anderen nachgeflogen,*
*und den Herd, darauf sie gebraten wurden.*

(Eu sei que nada daquilo é mentira,
porque eu mesmo vi a abertura
por onde uma, depois da outra, fugira
e o fogão onde haviam sido assadas.)

Ou seja, em Santo Domingo, no ano de 1495, ainda era vista a janela da sala de jantar do prefeito, e o fogão na sua cozinha; e, só por causa disso, o milagre das galinhas não podia ser invenção! Um modo aventureiro de deduzir – meio desconcertante, posto que o autor, como monge e literato, não pode ser tido como alguém sem preparo.

E aí vemos, também, uma nítida amostra da mentalidade medieval, na qual, de certo modo, sentimos na pele a força, o desmedido poder de persuasão que as imagens exerciam na gente da Idade Média. Tão forte que aquilo que se via era prontamente tomado como evidência de autenticidade – ainda que não apresentasse mais que um insignificante detalhe de aspecto real. O visível fala por si. Ver é crer. Esta lógica pressupõe – observando-se pelo ponto de vista de Hermann Künig – que a janela e o fogão existentes possuem uma conexão indiscutível com o milagre das galinhas, portanto pode-se tê-los como indícios da veracidade de toda a história. Conclusão: através desses dois detalhes, a lenda poderia ser confirmada ocularmente.

Hoje exigiríamos outras evidências. Para nós, ver não significa muita coisa para crer. Ou não é bem assim? Temos mesmo uma prevenção contra tomar imagens por realidade, contra considerar algo verdadeiro só porque o vimos numa foto de jornal, na TV ou na internet? Receio que, na conjuntura atual, o mundo idealizado dos peregrinos medievais não nos seja tão estranho, pois, afinal, nós frequentemente tomamos as imagens como reflexos de uma determinada realidade, mesmo sabendo muito bem o quanto se pode manipular com imagens, o quanto a realidade pode ser alterada. Nós também sucumbimos prontamente ao poder de influência das imagens – e, possivelmente, ao final de tudo acreditamos que nós mesmos estivemos lá, só porque as imagens se fixaram na nossa cabeça. Pelo menos nesse aspecto Hermann Künig tem razão: a contemplação auxilia o poder da imaginação.

Diante do poder dominador do visível, até os mais indiscutíveis conhecedores da história bíblica se rendem. Por exemplo, em 1483 o cônego de Mainz, Bernhard von Breydenbach, teólogo e jurista, partiu como peregrino para a Terra Santa, onde as relíquias de contato se multiplicavam desde o tempo das cruzadas. Uma fantasia piedosa assustadoramente ativa preenchera os lugares sagrados da tradição cristã com incontáveis cenas adicionais, pedras sobre as quais Jesus teria descansado, escadas sobre as quais Maria teria caído em prantos, fontes nas quais ela teria lavado suas vestes. Breydenbach registra que muitas dessas coisas não têm qualquer fundamentação bíblica. Assim, fica logo irritado quando lhe mostram o cárcere no qual Jesus teria estado preso – "muito embora não esteja descrito no Evangelho", conforme ele salienta no seu relatório de viagem. Mas depois ele é vencido pelo poder convincente do visível, e reforça sua convicção com as palavras: "Mas se o mesmo cárcere pode ser mostrado hoje, só se pode crer de boa-fé, assim como em outras coisas cuja descrição não temos, porém as vemos".

Ver é crer. Entretanto – com toda fascinação, toda crença em milagres e toda piedosa indulgência – esta crença também não era cega na Idade Média. Nem todo embuste ficava isento de comentários, nem todo disparate era simplesmente engolido em seco. A respeito do comentário de Hermann Künig, não menos interessante é o fato de que, para ele, não é preciso dizer mais nada. Ele pode partir do princípio de que o milagre de Santo Domingo está acima de qualquer suspeita, pode poupar o trabalho de constatação. A algumas pessoas pode parecer que, neste mundo de milagres, nem sempre se lida com coisas muito corretas.

Geofrey Chaucer, o poeta dos *Contos de Cantuária*, é um desses. Chaucer escreve sua obra por volta de 1390, e não tem papas na língua diante das artimanhas costumeiras. No prólogo dos *Contos de Cantuária* ele menciona um vendedor de indulgências, denunciando-o, com mordaz satisfação, como figura leviana, negociante vigarista e falsário. Assim diz o texto:

> Pois ele tem no alforge um pano
> que vende dizendo que é o véu de Maria.
> Diz que tem retalhos da vela
> da qual servia-se Pedro, para
> velejar no lago, antes de Jesus o convocar.
> Ele tem uma cruz de bronze cravejada de pedras,
> e, num frasco de vidro, tem ossos de porco
> Mas com essas relíquias ele ganhou,
> quando encontrou um pobre padre de província,
> num só dia, mais dinheiro
> que aquele padre obteria em dois meses.

Assim, ou de modo semelhante, teriam sido os especialistas em comércio de relíquias, e, tal como Chaucer, muitos puderam enxergar através das falcatruas.

Mas, já no início do século XII, surgiram os primeiros questionamentos. Pode-se confiar na autenticidade das relíquias? O santo está mesmo ali, naquele lugar onde eu rezo para ele? Pelo menos os instruídos formulavam essas questões, e o autor do *Liber Sancti Jacobi* segue nitidamente o rastro de alguns casos típicos de falsificação. Por exemplo, na cidade francesa de Corbigny os restos mortais de São Lotardo foram tidos, indevidamente, como pertencentes ao libertador Leonardo, mais afamado que ele – por razões óbvias.

Em igual desrespeito à verdade, Santo Egídio de Arles é *negociado* em diferentes lugares: "Os húngaros que, pretensamente, possuem seus ossos, deveriam corar de vergonha, da mesma forma que os monges de Chamalières, que afirmam sempre ter possuído o seu corpo. E também deviam se envergonhar os moradores de Saint-Seine, que se creem possuidores da sua cabeça, e, por fim, os normandos da Península de Cotentin, que, sem fundamento, se ufanam da posse de todas essas relíquias. [...]" Percebe-se que, na época, os pontos de peregrinação eram bem ativos em matéria de disputa, mas isso não passava despercebido nem escapava da crítica.

O já mencionado cavaleiro Von Harff caiu, ocasionalmente, numa incongruência do gênero. Mas, depois, a fantástica multiplicação de cada santo o tornou perplexo e, às vezes se nota, ao longo de seu relato, uma leve irritação, em vista das práticas do clero. Na igreja romana de Santa Maria Maior, por exemplo, ele registrou: "No coro sobre o altar-mor jaz – assim me disseram – o Santo Apóstolo Mateus em pessoa [...] Mas em Pádua, na Lombardia, também encontrei justamente uma tumba na qual estava escrito, de acordo com a crença local, que o mesmo Apóstolo São Mateus está lá sepultado, sem a cabeça, que deve estar em Trier, na Alemanha [...] Mas eu prefiro deixar para Deus a tarefa de julgar os erros dos clérigos". E, mais adiante, ele reage a certos absurdos, quase com indignação, nos termos: "Deus que dê a última palavra sobre os erros dos clérigos, que nunca errariam de propósito". Seja como for, ele dá o benefício da dúvida a muitos casos, com este inteligente argumento: "aquilo em que se crê às vezes ajuda". Ele foi, provavelmente, um típico representante daquela última geração de peregrinos anterior à Reforma, pessoas com boa vontade para crer no que as pusesse diante do fenomenal, porém não mais com uma credulidade absoluta.

Havia também aqueles que se dedicavam a detectar as frequentes fraudes na comercialização de relíquias de contato. Um alvo preferido desses críticos era a quantidade desmedida de lascas e pedaços de madeira, até mesmo toras da cruz, que enchiam os relicários do mundo cristão. Assim critica o pregador itinerante franciscano Bernardino de Siena (1380-1444): "São apresentados tantos pedaços da cruz de Cristo, que seis parelhas de bois juntas não aguentariam o peso. É o trabalho dos fraudadores incompetentes". E o humanista Erasmo de Roterdã (1465/1469-1536) chega a presumir que todos esses fragmentos juntos dariam para encher um navio cargueiro. Ou seja, a questão fazia barulho. E, com o surgimento dos reformistas, o barulho soaria cada vez mais alto.

De repente, as relíquias dos santos entram em perigo de virar fantasmagorias. Martinho Lutero fala abertamente. Ninguém sabe – diz ele – se em Santiago de Compostela jaz mesmo o corpo de São Tiago, ou se o que está lá é, na verdade, um cão ou cavalo morto. Portanto, o costume da peregrinação é todo sem sentido. Portanto, nenhuma peregrinação tem sentido. De qualquer modo, ele desestimula o povo de perambular por toda parte atrás de milagres. O que pouca gente sabe é que, a partir de determinada época, teólogos fiéis à Igreja também já se escandalizavam com o que ocorria em certos lugares de peregrinação. Neste aspecto enquadra-se a história de Wilsnack, a pequena cidade às margens do Elba, entre Tangermünde e Dannenberg, cuja fama, por algum tempo, chegou a incluí-la entre os locais mais sagrados da Cristandade. Trata-se de uma evidente história escandalosa. Em Wilsnack, os religiosos divergiam como em nenhum outro lugar de peregrinação e, onde alguns viam o poder milagroso em ação, outros não viam nada mais que truque barato.

Tudo começou quando, num dia de fim de verão, em 1383, os homens de um conhecido cavaleiro de Bülow atearam fogo na velha igreja da aldeia de Wilsnack. O prédio inteiro ficou reduzido a escombros. Na noite seguinte, um padre recebeu, em sonho, a ordem de voltar ao lugar do crime; e, enquanto se ocupava no trabalho de limpeza, ele descobriu, em meio aos detritos, três hóstias. Todas as três, além de intactas, estavam respingadas de sangue. Um duplo milagre, portanto: as chamas não puderam consumir as hóstias, e aquilo que se via sobre elas não podia ser senão o sangue de Jesus Cristo.

A descoberta é comprovada, a autoridade eclesiástica é informada, o fato se divulga e logo aquelas hóstias dão prova de seu poder milagroso: uma moleira fica presa na roda do seu moinho, que a leva para debaixo d'água, onde permanece um dia e meio, obviamente morta, mas a invocação do sangue sagrado de Wilsnack a traz de volta à vida e ainda lhe devolve a saúde. Um cavaleiro sobrevive à forca e atribui o fato justamente às hóstias ensanguentadas da aldeia. Os milagres se multiplicam, os agraciados põem-se a caminho de Wilsnack, e milhares, dezenas de milhares fazem o mesmo através dos tempos. Rotas definidas trazem multidões. Acorrem peregrinos das cidades do norte alemão, mas também da Hungria, Boêmia, Rússia e Escandinávia. Até hoje se vê, na igreja do milagre de sangue de Bad Wilsnack, uma vértebra de baleia, presente de um grupo de peregrinos noruegueses.

Mas, já em 1402, a igreja cai no descrédito. Naquele ano, um cidadão de Praga, com uma das mãos paralisada, visita o afamado lugar e sofre decepção – a paralisia não cede. Depois, uma segunda surpresa desagradável: talvez pensando que o homem já teria ido embora, os clérigos de Wilsnack declaram publicamente que ocorrera o milagre de cura. De volta à terra natal, ele conta o acontecido ao arcebispo de Praga, que, por sua vez, forma uma comissão de três professores para que examinem a fundo os relatos milagrosos de Wilsnack. Testemunhos são ouvidos, e, de fato, juntam-se indícios de que na igreja ocorrem fraudes deliberadas.

Está formado o escândalo. Até as mentes mais prudentes da Alemanha passam a ver com maus olhos o ponto de peregrinação da aldeia. Falam de crendice, negam terminantemente a possibilidade de hóstias emanarem sangue, fazem uma tempestade contra Wilsnack, e o que conseguem? Coisa nenhuma. Entre os intelectuais, o culto às hóstias de sangue já está fundamentalmente desacreditado, mas o povo não quer saber de nada disso. Continuam as hordas entusiasmadas de peregrinos, rumo à igreja do milagre de sangue à margem do Elba.

No ano de 1443, o teólogo magdeburguês Heinrich Tocke vai ao lugar da ocorrência para conferir com os próprios olhos. Sua base de orientação são os livros protocolares do milagre. Ele faz questão de verificar pessoalmente as lendárias hóstias de sangue. E fica horrorizado. "Eu vi três diminutos pedaços de hóstia, quase totalmente decompostos e consumidos, mas sem um mínimo sinal de vermelho ou avermelhado", ele escreveu em seu relatório. "Não há, portanto, nenhum indício de sangue; e, mesmo se aqueles restos de hóstia estivessem totalmente vermelhos, isso não significaria que fosse realmente sangue, e, ainda que sangue fosse, também não significaria que fosse sangue de Cristo e como tal devesse ser venerado, coisa que o povo tolo tem feito há sessenta anos."

Palavras diretas. Era mais fácil estar aderido ali o sangue do diabo do que o do Cristo, observa Tocke, irritado. Mas nem uma perícia como aquela consegue enfraquecer a popularidade de Wilsnack. Aquele duvidoso ponto de peregrinação ainda sobreviveu por mais de cem anos, mais precisamente até 1552, quando o pregador protestante Joachim Ellefeldt pegou de repente as hóstias milagrosas e simplesmente as atirou no fogo. E dessa vez elas queimaram mesmo. O ato de um único homem corajoso conseguiu aquilo que o protesto dos teólogos foi incapaz de causar: o fim da peregrinação a Wilsnack.

Este episódio da longa história das peregrinações me parece digno de atenção em dois aspectos. Em primeiro lugar, temos aqui um ótimo exemplo documentado de senso crítico. Teólogos e religiosos têm, no mínimo, um olhar de plena vigilância diante de tudo que ocorre em meio ao movimento das peregrinações. Eles percebem quando a história está mal contada, não deixam tudo correr à solta, e, em 1451, o papa chegou a proibir o culto às hóstias milagrosas de Wilsnack.

Só que a perícia teológica muitas vezes leva a uma luta infrutífera contra aquilo que o povo simples vê como dádiva de Deus e de seus santos – e aí está o segundo aspecto, que torna o caso de Wilsnack tão interessante: o "povo tolo", conforme Heinrich Tocke, em sua indignação, se refere a tais pessoas, não se deixa simplesmente convencer, quando a questão gira em torno dos seus domínios, isto é, o plano dos milagres e das lendas. Eles têm suas próprias crenças, que não costumam emparelhar muito com as crenças dos teólogos. Essa tensão entre a alta teologia e a devoção popular atravessa a totalidade da história do cristianismo – mas não se trata de uma peculiaridade cristã. Já na Grécia Antiga, as convicções dos filósofos e a crença do povo simples eram duas coisas diferentes. Foi onde Sócrates fracassou. Acusaram-no de ridicularizar os deuses, porque só queria seguir suas próprias convicções – por isso foi morto.

De qualquer modo, para os crentes simples da Idade Média só um critério importa para a autenticidade de uma relíquia: o milagre. Tudo que faz milagre é verdadeiro para eles. Outras evidências são supérfluas. Às vezes tentava-se até mesmo invocar deliberadamente um milagre, ou algo semelhante, quando ocorria incerteza de origem na identificação de relíquias. O aspecto desses testes é mostrado numa lenda, que, mais uma vez, vou buscar na história do mosteiro de Saint-Benoit-sur-Loire.

Vocês devem estar lembrados de que esse mosteiro enviou monges a Montecassino, para transferir o corpo de São Bento para Saint Benoit. Em Montecassino, assim diz a lenda, os recém-chegados viram-se diante de um problema, como um quebra-cabeça: Bento não jazia sozinho em seu túmulo. Santa Escolástica, sua irmã gêmea, fora sepultada na mesma tumba, e não era fácil distinguir os ossos de um e do outro. Assim sendo, os perplexos monges primeiramente colheram numa cesta todo o conteúdo do túmulo, e puseram-se a caminho de volta. Mas, por não se poder apresentar os ossos do santo assim misturados com os da irmã, eles pararam nas cercanias de uma aldeia e classificaram os ossos da forma mais provável que puderam. Mas, e aí? Podiam ter certeza? Tinham mesmo feito a divisão corretamente? Então lhes ocorreu a ideia de pegar a parte que eles tinham como os restos mortais de Bento e colocá-los no leito de um jovem falecido – e ver se o jovem ressuscitava. O milagre eliminaria a dúvida, e os enviados poderiam entregar aos que os aguardavam uma relíquia acima de qualquer suspeita.

Milagres sempre convencem. Pelo menos naquela época. Convencem porque neles sempre atua a mão de Deus. Nada é inviável, tudo é possível – esta crença é para o povo simples como o suprassumo dos altos voos teológicos. Mas, em princípio, os intelectuais também consideram a crença nos milagres plenamente compatível com a razão. E nós? O que efetivamente guardamos disso? Ainda podemos crer em alguma coisa daí, sem trair a razão esclarecida? Ou vamos deixar constrangidos todos os que ainda hoje falam de milagres?

A resposta não é fácil: sim, milagres ainda acontecem, é preciso dizer, se tomamos por base as experiências que se realizam em Lourdes. Lá trata-se de curas e milagres de cura, e é incontestável que naquele lugar ocorrem, de fato, curas surpreendentes; foram confirmadas pelo comitê de medicina que foi mobilizado em Lourdes, sendo cada caso registrado e investigado bem a fundo. Atualmente não são muitos, contam-se em torno de 70 por ano. Em todo caso, os livros dos últimos 150 anos indicam aproximadamente 7.200 curas, para as quais, nas respectivas épocas de ocorrência, a medicina não teve explicação! Uma lista moderna de milagres. Entretanto, em meio a esta grande quantidade de milagres, a Igreja só reconheceu como autênticos os casos mais merecedores de atenção, formando um total de 67 ocorrências.

Uma coisa é certa: acontece o de sempre. Curas espontâneas ocorrem em Lourdes ainda hoje, e não vejo como negar que nos pontos de peregrinação medievais se evidenciassem coisas surpreendentes e mistérios semelhantes. Tanto é que sei a respeito de um confrade que foi salvo de um mal incurável em Lourdes. Ele sofria de esclerose múltipla – e voltou de Lourdes saudável. Conheci bem esse confrade. Não era nenhum beato, nem excêntrico, nem histérico. E, nos trinta anos que ainda viveu após sua surpreendente recuperação, esteve, de fato, livre da doença.

Para mim, tais curas inexplicáveis são uma prova de que a fé realmente move montanhas. E, por isso mesmo, sou favorável a falar de milagres num sentido mais amplo, pois os milagres não devem ser entendidos só em termos materiais ou biológicos. Eles nunca atingem apenas o corpo e suas avarias. Segundo entendo, eles operam uma transformação no plano espiritual-anímico, e este me parece ser o mais significativo efeito dos milagres de Jesus Cristo.

"Tua fé te salvou" – com estas palavras Jesus pontuou muitos de seus milagres de cura. Isto soa como afirmação de que a recuperação imediata não é mais que uma consequência da fé, portanto a disposição de confiar plenamente em Deus. E quem assim entende aquelas palavras, com certeza está correto. Estou convencido de que Jesus as proferiu exatamente neste sentido. Junto aos doentes que o procuram, Ele não se limita a realizar aquilo que a medicina da época é incapaz de fazer. Ele não expulsa magicamente a doença. Ele também não é o melhor dos médicos. Os milagres de Jesus são sinais de um novo tempo, que desperta com ele, sinais de uma nova era da fé, uma nova era do amor – e ambos, fé e amor, são forças que triunfam sobre todas as doenças. Por meio desta força, o homem vai ao encontro de Deus e de si mesmo – e, não menos importante, ao encontro do próximo, ao encontro da pureza – e isto é a cura para corpo e alma.

Observando em termos práticos, pode-se dizer que toda tensão e muitas alterações doentias dos órgãos têm origem na alma. Se uma aflição corrói a alma, corrói também o corpo. Mas se a alma é libertada pela vivência do amor e pela força da fé, também pode curar prontamente uma tensão, o corpo experimenta o mesmo alívio da alma. Corpo e alma participam do mesmo fato e, se a alma se alegra, alegra-se também o corpo. Eu, portanto, jamais duvidaria que Deus é a cura para o ser humano. Mas podemos, por isso, falar de milagres com segurança?

Eu diria: sim – partindo-se do pressuposto que nós entendemos a questão um tanto diferentemente do homem medieval. Milagres como o das galinhas assadas voadoras de Santo Domingo pertencem a um mundo mágico de imaginação, que as ciências naturais varreram do plano do aceitável. Milagres desse tipo pertencem ao mundo dos abracadabras. Mas por que Deus não haveria de operar na natureza de um modo perceptível ao nosso olhar examinador? Ele é o Criador, e não compôs sua Criação para funcionar repetitivamente feito um tear. Então, se vemos os milagres como sinais de uma cura abrangente, uma cura de alma e corpo, podemos esperar cada vez mais por milagres.

# 6

## "Quando os vemos comendo, parece que estamos diante de cães famintos"

### *Como aquilo que nos é estranho ainda nos põe perplexos*

A respeito do Apóstolo Tiago, conta-se a seguinte lenda: um governante autoritário roubou todas as posses de um honesto comerciante e o prendeu no alto de uma torre. No infortúnio em que se achava, o infeliz dirigiu-se ao apóstolo, pedindo-lhe ajuda. Daí a torre envergou tanto que seu cume tocou a terra, e o prisioneiro pôde fugir. Os guardas o procuraram, mas Tiago o tornou invisível para eles, e assim ele escapou.

É, portanto, uma história de livramento, de um santo cuja intervenção corrigiu uma injustiça. Uma história curta, simpática e totalmente absurda. Nada mais que uma lenda, um belo produto da fantasia. E, diga-se de passagem, até as pessoas da Idade Média teriam dificuldade em crer na possibilidade de algo assim. Aqui, a fé não pode se apoiar em absolutamente nada de concreto, como, por exemplo, uma janela ou um fogão. A história é simplesmente incompatível com todo bom-senso. Mas por que, ainda assim, contam uma lenda como esta? O que pode fazer uma história tão irreal despertar ainda alguma atenção?

Acho que nos deparamos aqui com uma diferença fundamental entre o nosso mundo e o mundo da Idade Média. Até aqui, muitas coisas que nos pareceram estranhas à primeira vista, depois se demonstraram familiares, embora apresentadas de modo diferente. Há, porém, um profundo abismo entre nós e aqueles que nos precederam nas rotas de peregrinação da Europa, pois, para eles, o *wishful thinking* era coisa normal. Para nós é um atraso.

As modernas ciências nos colocaram irreversivelmente no mundo das chamadas realidades, um mundo que não é governado por nossos desejos. Ele é como é. Ele segue leis naturais que devem ser reconhecidas e podem ser úteis, mas, em qualquer situação, são constantes. Na imaginação medieval, porém, todo o universo natural era ajustado de acordo com o desejo das pessoas.

Pois tal universo é uma criação de Deus e nele Deus é onipresente. Invisível, porém perceptível, um ser que pode ser vivenciado, sobretudo nos lugares santos, com os quais o homem enriquece o seu mundo. São lugares onde Deus está por perto, lugares de salvação. Até sua própria vida o homem atribui à vontade de Deus, com cujo zelo ele pode contar o tempo todo. Portanto, ele tem nesse Deus um aliado que está acima de qualquer regulamento. Um aliado onipotente. De tal modo, o homem medieval vive num mundo que lhe cabe, um mundo que se adapta a ele, que proporciona todo tipo de misericórdia e benevolência, e que, pelo menos por algum tempo, pode ser seu lar, porque é onde ele pode se sentir bem. Nesse mundo ele é cercado por todos os lados de redenção, socorro e libertação. É claro que também o espreitam as forças malignas inimigas, o poder da escuridão, mas esses elementos não têm lugar nesta terra, são, por assim dizer, apenas agregados, e não impedem que o homem adapte o mundo às suas esperanças. Na sua imaginação, na sua fé e nas lendas. Nas lendas, que dispensam qualquer constatação de veracidade, pois têm sua origem na liberdade do *querer*.

Hoje não temos mais essa liberdade. Submetemo-nos à obrigação de adaptar nosso pensamento aos conhecimentos das ciências. E constatamos que pouco nos importa o mundo. Aqui não há boa vontade alguma. Observando à pura luz da ciência, aqui não há mesmo vontade nenhuma. Neste mundo, nada mais temos de especial, devemos nossa existência a uma reação química, não a um Deus, e tudo que podemos esperar das pesquisas que se fazem sobre o mundo são leis que se aplicam também às pedras. Perdemos o direito de observar o mundo conforme o desejamos. Temos que nos ater aos fatos.

Isso tem suas vantagens. Justamente por renunciarmos a compor o mundo de acordo com nosso ideal particular, temos condições de satisfazer a maior parte dos nossos desejos. A tecnologia e a ciência tomaram o lugar do milagre. O homem da Idade Média só podia satisfazer uma modesta parte de seus desejos, por meio de sua própria força – nossa civilização tecnológica é uma autêntica máquina de realizar desejos. Mas também pressentimos: não confiamos mais nos nossos verdadeiros desejos. Eles ficam à margem, porque nem mesmo toda técnica deste mundo pode realizá-los. Talvez isto seja um dos motivos pelos quais tantas pessoas voltam a percorrer as antigas rotas de peregrinação. Pessoas que estejam fartas de só ficar tirando conclusão após conclusão, que perceberam que hoje também há, como sempre houve, muita coisa a se desejar, que querem se sentir bem no mundo, mais do que permite a ciência. Será que podemos, em nossos dias, presenciar um renascimento do ultrapassado *wishful thinking*?

De qualquer modo, na lenda o desejo triunfa sobre a realidade. O desejo de justiça, por exemplo, na lenda da torre envergando até o chão. E, de certo modo, essas lendas faziam mesmo parte do cotidiano do homem medieval que percorria as rotas de peregrinação. Ele sentia na própria carne a energia que o *wishful thinking* era capaz de liberar, uma energia que se manifestava na forma de ousadia, resistência e destemor. Tudo isso ele tinha que comprovar no caminho. Caso se dirigisse a um destino muito longínquo, no mínimo chegava a um mundo do qual nada sabia, onde tudo lhe era novo. Ainda não havia globalização, nem cultura mundial da pizza, nem Holiday Inns, nem celulares. Quem punha os pés na estrada ficava incomunicável, deixava para trás tudo que havia em sua terra. Entregava-se ao desconhecido e tinha que contar com um destino que modificaria sua vida por completo.

Foi o que ocorreu, no século XVI, com três filhos de uma família da minha terra, Allgäu. Três cavaleiros. A crônica familiar conta que os três saíram em peregrinação, mas só um regressou. O rastro do primeiro se perdeu em algum lugar do caminho para Jerusalém. O segundo ficou em Roma. E o único que voltou havia encontrado algo totalmente diferente daquilo que a princípio procurava: na Suíça, esteve com o reformador Ulrich Zwingli, e o trouxe justamente para a minha terra. Três peregrinações e cada uma com uma conclusão imprevista.

Não podemos, portanto, observar os peregrinos medievais como um tipo generalizado e preconcebido, como isso que hoje chamamos de turistas. Mesmo que não o ouçamos mais, ainda ecoa na palavra alemã *Pilger* (peregrino) aquele sentido ameaçador implícito no termo latino original – *peregrinus*. Pois o conceito de *peregrinus* pressupõe alguém que está condenado a vagar por terras desconhecidas. Seja como desterrado ou por vontade própria, o *peregrinus* é o estrangeiro que procura seu caminho ou salvação em terra estranha, isto é, aquele que se retirou do ambiente onde estaria sob a guarda de seus direitos civis. A proteção era sempre necessária, pois em diversos lugares era costume submeter os estrangeiros a processos sumários, como no caso do rapaz de Colônia, segundo a lenda das galinhas. Mas o desconforto também se dava pelo contato com outros costumes, leis diferentes e idiomas desconhecidos. Além disso, o peregrino costumava ser olhado com desconfiança pelos habitantes locais, pelo fato de ter se desligado de tudo, de estar fora da observação de sua própria comunidade, como desgarrado que era, de ser provavelmente capaz de qualquer ato suspeito.

A primeira pergunta que se fazia a uma pessoa em tais condições era a tradicional indagação sobre sua origem, com o que pelo menos se podia classificá-lo preliminarmente. Já dava para acalmar um pouco os ânimos, desde que o estranho pudesse indicar um lugar de origem. Em seguida vinha a pergunta quanto ao motivo da sua viagem. No mundo pré-moderno, ninguém saía de sua terra sem um motivo. Na vida de uma pessoa, o lugar de origem era a referência básica, e muitos passavam a vida inteira no local de nascimento. Ainda hoje, em coletividades tradicionais, considera-se de mau agouro alguém morrer fora do lugar onde viu pela primeira vez a luz do mundo, onde passou a infância, onde viveu na casa dos pais. Vi, certa vez, algo assim na África.

Um homem de uma perna só, ao dar saída de um hospital, veio ao meu encontro e perguntou se poderia lhe dar uma carona até o vale onde nascera. Disse que havia sido mercenário por toda a vida, e agora desejava voltar à terra natal, para cavar sua sepultura e morrer. A morte, em si, não era para ele uma ideia assustadora. Mas a hipótese de morrer em terra estranha lhe dava medo. Aquele homem ainda tinha um sentimento de maldição por desterro, algo que o *peregrinus* também conhecia.

O ambiente estranho já é ameaçador por mexer com a identidade. A imagem de si mesmo pode ser abalada quando ninguém mais conhece a pessoa. Em minha terra, todo mundo sabe quem eu sou, ali ninguém me questiona e, portanto, eu sei quem sou, porque os outros o sabem. Mas se eu deixo para trás tudo que me é familiar, fico sem nome e até sem expressão, surge o perigo de, por fim, eu próprio esquecer quem sou eu. E logo a gente se vê nu diante de si mesmo, logo nos perguntamos o que resta de alguém que não se reflete aos olhos dos outros, alguém que tem como uma roupa inútil o traje cultural que foi base de sua identidade, e manifesta algo totalmente diferente.

Chega a assustar. E a gente se vê forçado a uma revisão completa da vida, tal como o Bruno, de quem falei no primeiro capítulo, o homem que em 96 dias caminhou de Munique até Santiago de Compostela. "Quando estamos no caminho", conta ele, "o nosso relógio interno anda para trás. Começamos pela infância, seguindo por todos os estágios da vida e refletimos se poderíamos ter feito alguma coisa melhor. Com nossos pensamentos, ficamos horas a fio totalmente distantes, certa vez me perdi por completo, tão distraído que estava. Quando peregrinamos estamos, ao mesmo tempo, viajando pela vida".

Nós, homens modernos e viajados, nos questionamos quando ficamos a sós com nós mesmos em terra estranha. Aymeric Picaud, o autor do *Manual do peregrino* no *Liber Sancti Jacobis*, reage de forma totalmente diversa. Por volta de 1140, ele tem que peregrinar até Santiago – coisa que, segundo parece, não lhe agrada nem um pouco. De qualquer modo, ele põe em ação um conhecido mecanismo de defesa: observa o desconhecido abaixo de si. Ele se entrincheira por trás da atitude de superioridade. Quanto mais se afasta de casa, mais incivilizado lhe parece o mundo à volta, mais irritadas se tornam suas descrições das terras e povos, e, a certa altura, ele já não dá um centavo pelas populações com que entra em contato. Isso é humano. O turismo dos nossos dias também não produz só entendimento e simpatia mútua entre os povos. Portanto, o antigo bairrismo psicológico de Picaud é, para nós, particularmente esclarecedor, pois muitos peregrinos, assim como ele, puderam sentir que, mesmo sem ocorrência de roubos, animais selvagens e hoteleiros desonestos, o desconhecido é suficiente para ameaçar, simplesmente porque lá tudo funciona de modo diferente do que ocorre em nossa terra. Excluindo este aspecto, seu *Manual do peregrino* é, em algumas partes, uma leitura agradável.

Aymeric Picaud inicia sua descrição itinerária gabando-se das vantagens de sua terra natal, Poitou, no oeste da França. Ali o mundo está em ordem e não é possível encontrar uma sociedade tão agradável como a de seus conterrâneos. Vestem-se com elegância, "são bonitos, desenvoltos no falar, generosos e hospitaleiros", e, além de tudo, desportivos. Feliz do peregrino cuja rota passe por Poitou! Não vai sofrer decepção. Mas depois, na medida em que se afasta de Poitou, rumo sul, a imagem vai perdendo o brilho. Quase não se percebe a princípio, pois a região de Bordéus ainda lhe inspira louvores. A terra é rica em vinho e peixe – descreve Picaud –, pode-se, quando muito, estranhar o sotaque áspero do povo. Em princípio, também não há nada a dizer contra a Gasconha, porque é uma terra fértil e adorável, um colírio para os olhos. Mas os gasconianos...! Não é fácil conviver com eles; têm a língua solta, são tagarelas, debochados, libertinos, e, quando se sentam ao redor do fogo, comem geralmente sem mesa e bebem todos do mesmo copo. Ainda por cima, entornam grandes goles, vestem-se mal e dormem todos juntos sobre escassa palha podre, os serviçais junto com o senhor e a senhora!

Percebe-se que seu manual de viagem oferece também um relatório detalhado das condições de vida em cada região. Picaud não é um mau observador. E, por não querer ser injusto, reconhece nos gasconianos pelo menos uma hospitalidade calorosa.

Neste sentido, nada há a dizer do País Basco. A própria paisagem já "surge ameaçadora, entre florestas e ermos". Os habitantes, então, são o terror dos peregrinos. Só seu aspecto feroz e o estranho idioma que falam já metem medo. Certamente, já vai longe o tempo em que os bascos tratavam peregrinos como tratam os burros de carga, mas, como sempre, eles continuam meio animais. Pois que na casa de um basco "todos os moradores, servo e senhor, serva e senhora, comem de um único prato, sem talheres, usando as mãos. Bebem também de um mesmo copo. Quando os vemos comendo, parece que estamos diante de cães famintos ou porcos. Quando os ouvimos falando, mais parece um cachorro latindo".

Em seguida, como se subitamente se lembrasse de doenças pelas quais passara, Picaud simplesmente perde a compostura e entra numa verdadeira explosão de raiva: "É um povo bárbaro, diferente de todos os outros nos costumes e modo de ser, cheios de malícia, pele curtida, desinteressantes, ímpios, malandros, falsos, desleais e corruptos, libertinos, bêbados [...] (vamos omitir aqui o resto da lista de impropérios, que prossegue), enfim, incapazes de qualquer coisa boa, mas abertos aos vícios e ao pecado." O que significa para ele "pecado e vício"? Picaud não deixa nada sem explicação, e, com a típica franqueza medieval, entra em picantes detalhes: "Em algumas regiões", diz ele ao leitor, "quando ficam excitados, o homem e a mulher mostram as partes íntimas um ao outro". E isso não é tudo. Os bascos "fornicam até com as vacas".

Semelhantes revelações funcionam como uma paródia antecipada das modernas pesquisas etnológicas, e a gente se pergunta se o autor não revela ao leitor apenas a parte assustadora de tudo. Pode ser que histórias de terror desse gênero fossem contadas e aumentadas na roda noturna em volta do fogo, ou na mesa comprida do albergue, conferindo à imagem do País Basco uma mescla de horror com uma fascinação não muito casta. Afinal, o peregrino fica sabendo o que o espera em sua rota pelos Pirineus – coisa que pior não pode ficar.

Prosseguindo, Picaud suaviza um pouco, suas opiniões se mostram mais simpáticas na medida em que se aproxima do destino. A Espanha, ele tem que admitir: é uma rica terra. Seus habitantes não são grande coisa – ele os chama de ruins e viciosos –, mas, enfim, com seus comentários sobre ouro e prata, leite e mel, Picaud assenta uma ponte imaginária ligando a Espanha à Terra Prometida. Alivia a respeito dos galegos, pois, "em comparação com todos os outros povos incultos da Espanha, eles são parecidos com o nosso povo francês, principalmente no que se refere aos hábitos". Há só um aspecto lamentável: têm fama de irascíveis e briguentos. Mas, em meio a tudo, observa-se no galego a atenuante de não gerar perplexidade. Em Santiago, naquela época, tudo ocorria de modo bem mais francês.

Não, Aymeric Picaud não se entende bem com o desconhecido. A viagem a Santiago fortaleceu seu amor à pátria, e seu *Manual do peregrino* às vezes funciona como um indício de que a peregrinação intensificou seus preconceitos e acumulou ressentimentos. Isto não é descartável – como já comentei, mesmo hoje os viajantes nem sempre regressam com as melhores impressões de suas estadas no estrangeiro. Por outro lado, não se vê um único sinal de ressentimento em Arnold von Harff nem em Hermann Künig von Vach. Pelo contrário – Harff às vezes chega a surpreender; sua descrição do Oriente pode soar generosa demais para ouvidos cristãos. Parece que ele se entendeu muitíssimo bem com os muçulmanos. E, no seu Manual para Viagem a Santiago, Hermann Künig não dá a mínima importância a diferenças de mentalidade. Pode ser, porém, que o desconhecido já não fosse tão desconhecido, já que, entre o *Liber Sancti Jacobi* e os escritos de Künig, há um espaço de 350 anos, nos quais muitas gerações de peregrinos vivenciaram contatos com diversos povos nas rotas de Jerusalém e Santiago.

Entretanto, Arnold von Harff precisa também defender seu relatório contra o ataque de certas coletividades, pessoas totalmente incapazes de imaginar o mundo além dos limites em que vivem, e assim acham que muitas das coisas relatadas não passam de invenção. No prólogo, ele demonstra sua indignação em vista dos "gritadores e difamadores desenfreados e truculentos", que se recusam a dar o mínimo de crédito às suas descrições. Quem não sai de casa, diz ele, quem só conhece seu pequeno pedaço de terra, quem acha que seu modo de vida é o único possível, é mesmo um provinciano arraigado. Em sua tacanhez, essas pessoas dizem que "tudo que os peregrinos contam é mentira".

O problema são as coisas que a incursão no desconhecido impõe – a sensação de identidade ameaçada e a irritante constatação de que em outros lugares tudo funciona de modo diferente. A isto somam-se, para o peregrino medieval, as agruras concretas e diárias, ou seja, cansaço, fome, sede, calor, frio, esgotamento e doença. Mesmo quando tudo corre bem, até chegar ao destino ele tem que pelejar a cada passo, sujeito ao ataque de animais, dormindo mal, banhado em suor ou encharcado. Uma coisa é clara para o peregrino em vias de partir: só pela aceitação paciente de esforços indescritíveis é que ele pode se aproximar de Deus. E, ainda assim, a peregrinação na Idade Média é um fenômeno de massa. Descontando os fundamentos sérios e espirituais, podemos ver aí também uma espécie de esporte popular. Estima-se que, no século XV, quase a metade das coletividades europeias empreenderam no mínimo uma peregrinação.

Só a cidade de Santiago de Compostela, no final da Idade Média, abrigava anualmente até meio milhão de peregrinos. As ervilhas ajudavam na contagem. Cada viajante que entrava na Catedral de Santiago devia colocar uma ervilha numa das caixas colocadas na entrada. Outros milhões de viajantes seguiam para Roma, Jerusalém ou para metas de peregrinação menos conhecidas e mais próximas de suas respectivas terras. Sabe-se de fontes seguras que a maioria partia em pequenos grupos, de cinco a dez participantes. A maior parte era de homens, mas mulheres e crianças também acompanhavam. Aproximadamente um terço dos peregrinos seria composto de mulheres, dentre as quais muitas damas abastadas com seus séquitos. Havia também mulheres que acompanhavam os filhos aleijados ou os maridos doentes aos lugares santos – a prece feminina é considerada peculiarmente poderosa.

Mas a diferenciação dos sexos não dá mais que uma imagem insatisfatória da variada composição desses grupos. Padres e monges partilham a aventura com leigos, sãos com doentes e aleijados, senhores de casta com miseráveis e penitentes. Geoffrey Chaucer apresenta um grupo desse tipo no início dos seus *Contos de Cantuária*. O motivo desta inclusão seria analisado como incremento literário, mas não pode ser considerada incomum uma agregação como aquela, já que o autor encontrou, na estrada de Southwark a Cantuária, um cavaleiro com escudeiros e servos, um moleiro, um mordomo, um cozinheiro, um jurista, um monge mendicante, um médico e alguns trabalhadores braçais, todo mundo junto – e, por sinal, todos a cavalo. Em tudo e por tudo, pode-se dizer que aquela sociedade de fins da Idade Média era surpreendentemente móvel. Provavelmente, só na segunda metade do século XX tornamos a ver tantas pessoas viajando quanto naquele tempo.

As estradas ganham vida na primavera, quando os rigores do inverno vão embora, as cristas de neve degelam e os rios voltam a ser navegáveis. Então – conforme escreve Chaucer – as pessoas anseiam por viajar, e o peregrino experiente sai rumo aos santuários mais distantes, do outro lado do mar. Antes de partir, porém, há coisas a fazer, pois peregrinações com destinos longínquos precisam ser bem planejadas e preparadas. Eventualmente, ocorriam idas espontâneas a lugares próximos, quando acontecia algum milagre pelo qual fosse preciso agradecer imediatamente ao santo em questão. Mas, a não ser neste caso, era preciso muito planejamento. A incursão no mundo dos milagres também é uma incursão no mundo dos perigos, onde ninguém deve se aventurar despreparado.

A primeira garantia que um peregrino deve ter em mente refere-se à paz doméstica. Uma vez amadurecido o plano de peregrinação, a primeira coisa a fazer é obter a aprovação do cônjuge. É assim que se faz, e assim também recomenda o *Liber Sancti Jacobi*. Caso tenha ocorrido um milagre, ou espera-se que ocorra, não deveria haver necessidade de maiores argumentos. Mas se o desejo de peregrinar não tem motivação específica, costuma ser atribuído, principalmente por mulheres, a um sonho que teria recomendado a viagem. Não é muito fácil questionar um sonho. Uma vez que marido ou mulher esteja de acordo, a próxima etapa é adquirir os artigos indispensáveis.

Dois pares de sapatos são imprescindíveis, diz uma canção de peregrino. Desde que se tenha dinheiro para comprá-los. Muitas vezes o peregrino tem que se bastar com um só par e, se ele é um peregrino de Santiago, pode contar com os sapateiros dos Pirineus, que são especialistas em consertar sapatos rotos de peregrinos. Parece que os sapatos ideais são botas de couro flexível de sola reforçada, conforme se vê em muitas representações de peregrinos. Em seguida, o cajado de caminhante, uma peça de madeira maciça, com a devida curva no topo e a ponta de ferro na base. Ele dá apoio em terrenos difíceis de caminhar e também serve para afugentar cães e lobos – e ajuda a transpor o obstáculo dos pequenos cursos d'água; pode-se também, com sua ajuda, tatear na escuridão. Não se pode esquecer o chapéu, um chapéu de aba flexível e larga, que protege do sol, do vento e da chuva; e, ainda, o manto de peregrino, amplo e sem mangas, que é, ao mesmo tempo, abrigo contra as intempéries e cobertor. A bolsa a tiracolo é de suma importância para os gêneros de primeira necessidade, provisões de alimento, roupas e utensílios de viagem, um prato raso, por exemplo, bem como facas e talheres, remédios, copos e linhas de pesca. Às vezes a bolsa é chamada de saco, e parece mesmo um saco de couro macio. E, por fim, os recipientes, principalmente um de barro, que, no caminho, era periodicamente enchido com água – só se a qualidade da água dos riachos e poços fosse confiável, caso contrário, só vinho mesmo. O frasco de barro era amarrado à cinta ou pendurado no cajado.

Tudo isso não é apenas prático e necessário à sobrevivência. Com essa parafernália, o peregrino é reconhecido em qualquer lugar, e isso tem, no mínimo, a mesma importância, pois proporciona ao peregrino uma segurança peculiar nas estradas europeias. Para ele vale uma lei internacional, que o isenta de pedágios e taxas alfandegárias, e lhe garante plena liberdade de movimento. Um salvo-conduto também lhe seria de grande ajuda nos lugares sagrados, uma carta de recomendação de seu bispo ou de padres de sua região, com assinatura e selo, atestando sua integridade e fidelidade à Igreja. Quem pode apresentar tal documento obtém, em diversos lugares, alojamento e comida grátis; assim pessoas sem posses nunca precisam renunciar a uma peregrinação. Esse valioso documento é entregue ao aspirante a peregrino durante uma última missa em sua paróquia de origem. Depois que o padre abençoa sua bolsa e seu cajado, é hora de partir. E, como a despedida pode ser para sempre, o peregrino já deixara seus assuntos em dia, suas dívidas pagas e seu testamento pronto.

O que o estimula a fazer a viagem? A respeito dos motivos e fundamentos de uma peregrinação, já foi dito algo, mas, como há detalhes totalmente diferentes, eu gostaria de resumi-los mais uma vez. Alguns se aproximam do relicário de um santo, com sua dor e amargura, em busca de cura, para si mesmo ou familiares doentes. Há outros que, em situações de grande dificuldade, haviam feito votos e, uma vez salvos ou curados, querem ir diante do santo, com sua gratidão e suas dádivas – muitos vêm arrastando presentes até do tamanho de uma vértebra de baleia. Não raramente, mulheres peregrinam na esperança de curar sua esterilidade, ou simplesmente para escapar temporariamente do esgotante dia a dia doméstico. Há também os peregrinos profissionais, que visitam lugares sagrados representando alguém que esteja impedido de ir, ou enfraquecido por uma doença; não são poucos os que se saem bem no negócio de peregrinar por outros. Mas nos grupos de peregrinos há também malfeitores condenados a peregrinações expiatórias; sua punição, portanto, consiste num banimento temporário de suas terras de origem. Todos eles são impelidos pelo desejo de obter o perdão de seus pecados em lugares santos.

Enfim, no que diz respeito a motivos pessoais, em muitos casos eles não são de natureza puramente religiosa. Eu mesmo, na viagem a Ars e La Salette, realmente não pretendia só rezar e meditar. Na ocasião, também me sentia atraído pelo ambiente estrangeiro, pelos Alpes, o Rhône, o idioma francês, a cultura. Para mim, a viagem de ônibus aos sítios cristãos da França e norte da Espanha também foi, como um todo, uma grande aventura, e ainda me lembro de como fiquei fascinado com os Pirineus, só por encontrar lá tipos de rocha que não conhecia. O bom na peregrinação é que a fé imerge na plenitude da vida, que não é só uma questão religiosa, mas também devoção e reflexão ligadas a fortes impressões e experiências extraordinárias.

O homem medieval parte, certamente, tendo na mente a promessa de Jesus Cristo de que achará aquilo que procura. Seu mundo é todo feito de promessas. Mas também de tentações. Alguns querem se livrar das restrições da vida doméstica ou satisfazer desejos bem terrenos – não é à toa que o cavaleiro Arnold von Harff anotou em seu diário de viagem, em cinco línguas diferentes, a frase: "Mulher, posso dormir contigo?" Essas promessas e tentações teriam, de certo modo, atuado como estímulo, mesclando-se a busca da salvação com a sede de experiências, ali; a fé nos milagres com a esperança de uma plena liberdade de movimento, acolá.

Mas ninguém que parte para uma peregrinação longa sabe o que o aguarda. Não sabe se chegará, ou se irá voltar. É preciso estar preparado para se deparar com o desconhecido. Portanto, é nas promessas e nas tentações que está o risco de todo o empreendimento. Os manuais de peregrinação e relatórios de viagem nunca deixam de ilustrar os horrores do desconhecido, os perigos do caminho. São cheios de advertências sobre rios com água não potável, moscardos e areias movediças, condições a bordo dos barcos venezianos, bascos, trapaças e trapaceiros. Quem, a despeito de tudo, sai em viagem, precisa já estar muito seguro de sua fé no bom Deus. Em toda parte há perigos à espreita, e sobre isso falaremos no próximo capítulo.

# 7

# "No caminho para os santos existem abuso e fraude em abundância"

## *O que aguarda o peregrino no meio do caminho*

Na verdade, é tudo bem organizado. As rotas de peregrinação do Ocidente dispõem de muitos albergues para peregrinos, chamados hospedarias e estalagens. Tais quais os grandes hotéis internacionais de hoje, elas são equipadas de modo a receber diariamente e oferecer bom tratamento a viajantes de todo tipo, que, na maioria, pertencem a ordens religiosas. Os mosteiros também acolhem peregrinos em alojamentos associados, e, se a afluência vai além dos recursos, os monges são remetidos a abrigos coletivos ao longo do caminho, ou se alojam na igreja. Portanto, o alojamento improvisado que eu tive no claustro de La Salette tem longa tradição.

Os monges são os maiores anfitriões da Europa Medieval. Já no século VI, Bento de Núrsia, o fundador da nossa ordem, fazia sentir esse espírito de hospitalidade. "Todo hóspede que chega deve ser acolhido como se fosse o próprio Cristo", está escrito em sua Regra, que é como uma espécie de constituição para todos os mosteiros beneditinos, mas se tornou uma linha mestra também para outras ordens. E, sob essa orientação espiritual, os albergues de peregrinos obtêm excelente fama. O *Liber Sancti Jacobi* faz sua menção particular, e com louvor, aos três mais importantes. "O Senhor ergueu neste mundo três colunas indispensáveis, para apoio dos pobres", lê-se no texto, "a estalagem de Jerusalém, a de São Bernardo e a de Santa Cristina, em Somport. Essas casas foram construídas onde eram necessárias; são lugares santos, casas de Deus, refrigério para os peregrinos, descanso para os exaustos, consolo para os doentes, salvação para os mortos e socorro para os vivos. Os construtores desses lugares sagrados são, com certeza, associados ao Reino dos Céus".

Isto soa um tanto ufanista e – se prestarmos atenção à última frase – quase como que tirado de um panfleto publicitário de uma rede de spa. Mas parece que essa descrição laudatória não se afasta muito da realidade. A hospedaria em Jerusalém foi, por muito tempo, a maior do mundo cristão; lá o peregrino podia mesmo esperar um atendimento altruísta e abnegado: só no ano de 1170 foram atendidos 2.000 viajantes doentes, e muitos peregrinos pobres foram auxiliados. Certamente, não é possível comparar aquelas hospedarias aos hotéis atuais; elas devem ser observadas como uma combinação de hospital, enfermaria, alojamento coletivo, cozinha comunitária, asilo de pobres e mosteiro. Uma outra hospedaria, fundada em 1050 e dirigida por agostinianos, equivalente e tão lendária quanto a de Jerusalém, ficava (e ainda fica) num lugar inóspito à margem de uma importante rota medieval, no Passo do Grande São Bernardo, a 2.470 metros de altitude, onde a neve intransponível e o vento gélido frequentemente causavam sério perigo aos viajantes. Incontáveis peregrinos de Roma devem suas vidas a ela, que durante quase 900 anos manteve-se fiel ao princípio da pousada gratuita.

A última das chamadas hospedarias, situada à margem do caminho de Santiago, numa passagem dos Pirineus, também era conhecida por acolher peregrinos com a maior amabilidade. Nos últimos séculos, durante os quais crescia continuamente o fluxo de peregrinos para Santiago, surgiu ao longo do caminho uma imensa quantidade de acomodações. A Hospedaria Real, na cidade espanhola de Burgos, dispunha de lugar para cerca de 2.000 hóspedes pernoitarem, além de ter a fama de não economizar alimento. Lá se dormia, como de costume, em grandes dormitórios separados por sexo, e, quando a enorme afluência fugia ao controle, os peregrinos não ficavam mais de duas – ou, eventualmente, três noites – gratuitamente. Um outro ponto de parada ficava nas cabeceiras do Loire, um enorme complexo monástico, igualmente equipado para muitos viajantes. Pelo nome do lugar se deduz aquilo que os monges, desde aquela época até hoje, consideram sua missão – La Charité – caridade, amor ao próximo.

Em tudo e por tudo, pode-se dizer: a igreja zela por uma boa e impressionante infraestrutura turística – e, com isso, mantém-se fiel a uma tradição que remonta à Antiguidade e ao tempo dos santos padres: já no século V, o bispo da Antioquia fez construir uma série de grandes albergues para os peregrinos que viajavam aos milhares para o noroeste da Síria, em busca de contato com Simão, o mais célebre de todos os santos estilitas. Mesmo após a morte do bispo, o fluxo de peregrinos não se desfez; eles vinham de todos os confins do mundo conhecido, da Etiópia à Bretanha; e naquele lugar, onde hoje só se encontram algumas paisagens escassas, as impressionantes ruínas dos albergues do bispo fazem lembrar aqueles tempos tão remotos e turbulentos.

Depois da igreja, o segundo lugar na atividade turística, se assim podemos dizer, é ocupado pelas agências de viagem, e são venezianas. O atendimento às peregrinações à Terra Santa é um monopólio das companhias de navegação venezianas, que disponibilizam uma espécie de pacote econômico da época. Assumem não só o transporte de peregrinos, com galeras de Veneza à Palestina e vice-versa, mas também organizam a turnê com desvios pelo Lago de Genesaré e o Rio Jordão. Tudo incluído no preço – viagem marítima, alimentação e alojamento, taxas alfandegárias, tropeiros, intérpretes e guias turísticos. Quem tratasse com um capitão veneziano podia contar com um organizador de viagens profissional.

Sem dúvida, tudo era muito bem organizado. E, no entanto, Hermann Künig von Vach recomenda aos leitores que se limitem ao seu manual e sigam todas as instruções, caso tenham amor à vida. E, logo nas primeiras linhas, ele menciona grandes desgraças já ocorridas a muitos peregrinos ao longo do caminho. Por quê? Porque a realidade da peregrinação parece ser bem mais difícil do que pode parecer. Não são raras situações como as que ele descreve nesta passagem de seu livrinho:

*Danach hast du einundzwanzig Meilen über die*
*Bardewesche Heide,*
*die tut den armen Brüdern viel zuleide.*
*Versorgt dich mit Brot und auch mit Trank.*
*Ich sage dir fürwahr, wer dort wird krank,*
*der ist von den Welschen ganz verlassen,*
*sie begraben gar viele Brüder auf der Strassen,*
*die darauf Hungers gestörben sind.*
*Dannsterben auch viele aus Mangel an Pflege,*
*denn in der Gegend findest du nicht viele Spitäler...*

*Es gehen so viele Brüder auf dieser Strassen,*
*dass die Leute des Gebens sind ganz verdrossen.*

(Depois segues 21 milhas
 na região da charneca,
que já causou aos irmãos muito sofrimento.
Abastece-te de pão e água.
Pois eu te digo: aquele que adoecer
não terá ajuda dos estrangeiros.
Eles já enterraram na estrada
muitos irmãos que morreram de fome.
Morrem também outros, por falta de cuidado,
pois não verás muitos hospitais no caminho...
Assim caminham os irmãos pelas estradas,
pois os povos ao longo são muito mal-humorados.)

Os contratempos, às vezes fatais, por que passam os peregrinos têm diversas causas. Em regiões escassas e desertas, como a charneca ao sul de Bordéus, há perigo de morte por esgotamento, fome ou sede. A área é toda seca, arenosa e quase desabitada, desprovida de rios e fontes, os abrigos são escassos e os poucos habitantes não dão a mínima para o que lhes aconteça, porque já estão pra lá de fartos da praga dos peregrinos. Além disso, tomando-se por base o manual de Aymeric Picaud, cada passo deve ser um tormento. Nas referências a essa região, ele adverte sobre perigos como moscardos e areias movediças, nas quais pode-se facilmente afundar até os joelhos. Só de imaginar o panorama dos túmulos ao longo do caminho podemos fazer uma ideia da realidade diária do peregrino.

É claro que nem todas as partes do caminho são assim tão extenuantes. O próprio Hermann Künig assinala em outros pontos: "bom povo e passagem segura". Mas perigos de perda dos pertences, perigos para corpo e alma, estão sempre à espreita em toda parte, seja em terra ou no mar. Podemos nos aprofundar mais nesse lado aventureiro das peregrinações medievais tendo em mãos o manual e os relatos de testemunhas oculares. O que aguarda, por exemplo, um peregrino que embarca em Veneza no mais organizado cruzeiro para a Palestina?

De qualquer modo, a viagem, que pode levar um mês, costuma ser um período de desconforto, enquanto ele divide com muitos outros viajantes o espaço de um grande alojamento sob o convés. O espaço para sua esteira é marcado com riscos de giz, em dimensões exatas para um adulto deitado. Não há vigias, a luz do dia só entra pela escotilha e o ar abafado e quente é impregnado de odores humanos de todo tipo. Imperam no ambiente um terrível aperto e um barulho constante. Com os incessantes grunhidos, roncos, "patadas", imprecações e badernas de marinheiros bêbados, o peregrino mal consegue dormir à noite, e também fica à mercê de insetos e ratos. O ar viciado, os aborrecimentos, a falta de espaço e os movimentos do navio, aos quais ele não está acostumado, lhe dão nos nervos e acometem sua saúde. A comida de bordo, incluída no preço, frequentemente deixa a desejar. E nem por um momento ele pode tirar os olhos dos seus pertences. Os marinheiros roubam e ficam violentos pelos motivos mais insignificantes. Conflitos e facadas estão na ordem do dia. Um peregrino de classe econômica há de ansiar ardentemente pela chegada em Jaffa, o porto de Jerusalém, e, quando finalmente lá chega, há de sentir um grande alívio.

Naturalmente, há situações menos duras. Quem pode pagar, viaja para Jerusalém de primeira classe, com cabine individual, partilhando da mesa do capitão, tal como Arnold von Harff, que parece não ter passado nenhum momento desagradável a bordo da galera veneziana em que viajou. Peregrinos de luxo como ele, com certeza são minoria, mas não chegam a ser raros. Nós os encontramos também nos trajetos por terra, a cavalo ou montando um asno, acompanhando uma caravana maior ou menor, e munidos de cartas de recomendação que lhes abrem as portas de castelos e palácios episcopais. Mas entende-se que há muito tempo ninguém mais viaja com esses privilégios. E, para a média dos peregrinos, a viagem por terra não é, de modo algum, mais confortável que a marítima.

Quer dizer, com sapatos inadequados para a caminhada, cada um sabe o que o espera ao fim de, no máximo, três dias. Para mim, no caminho para Altöting, a salvação veio na forma da Tia Emma com seu unguento. Na história do Bruno, suas velhas botas de montanha também o maltrataram, na altura do lago Ammer, quase à entrada de Munique. Morrendo de dor, ele já queria desistir, mas um amigo o persuadiu a comprar sapatos de viagem mais modernos e confortáveis, e assim sua intenção de peregrinar foi salva.

Portanto, é inconcebível que alguém queira chegar a Santiago ou Roma com sapatos desconfortáveis – ou, pior, de pé no chão! Mas na Idade Média assim caminhavam muitos peregrinos pobres, em sapatos miseráveis e rotos, ou simplesmente descalços. De qualquer modo, a impressão que nos dá a forma quase esportiva das peregrinações de hoje não tem nada a ver com a realidade daquele tempo. Era uma prova da resistência ao sofrimento e da virtude cristã de uma pessoa. Os inevitáveis infortúnios do percurso são comumente acompanhados de cuidados com os companheiros mais frágeis – saudáveis amparam aleijados, fortes ajudam fracos a prosseguir, crianças e doentes precisam ser assistidos. Assim conseguem suportar a intensidade do sofrimento. Desempenham toda sua peregrinação como um exercício de penitência, enquanto vencem o caminho, do princípio ao fim, com pedras nos sapatos, com roupas de áspera lã diretamente sobre a pele, sempre com os braços estendidos ou com uma cruz nos ombros, assim como nós, naquela ocasião entre Munique e Altötting. Alguns carregam o peso de correntes carcerárias, das quais seriam libertados pela intervenção de um santo. Não são poucos os que se arrastam com chumbo e ferro, como material de construção para a catedral do lugar a que se dirigem. Às vezes alguém caminha totalmente nu, desprotegido, à mercê de sol, chuva e insetos. E há aqueles que cumprem um voto de não se lavar nem barbear, nem cortar unhas, e, com o mau cheiro que exalam, fazem dos outros seus companheiros de sofrimento.

E lá vão eles, entoando cânticos piedosos ou compenetrados em seus exercícios de penitência, alguns mesmo praguejando e urrando, embriagados na fé. Perfazem, em média, 20km por dia – nada mal, se pensarmos nas condições da maioria das estradas, rios quase intransponíveis e a orientação facilmente perdida em terrenos intransitáveis ou em meio à névoa. Mapas ali não existem; de qualquer modo, sempre se enfrenta o perigo. O próprio manual de Hermann Künig deixa em apuros uma pessoa que chegua a uma bifurcação do caminho. Ele enumera, de fato, os nomes de todos os povoados maiores, cita com precisão o número de milhas de cada trecho, mas a descrição do trajeto é tão vaga que os peregrinos se veem necessitados da informação de camponeses e pastores – cujo idioma normalmente não entendem. Entretanto, os povoados e cidades dispõem de um socorro acústico para os peregrinos desorientados: tão logo cai o crepúsculo, ou se a névoa toma conta, ou começa uma nevasca, fazem soar os sinos da igreja, a intervalos regulares. Se o trajeto dos peregrinos passa nas proximidades de um pântano, ou segue pela montanha, em alguns lugares os sinos ficam badalando a noite toda.

Normalmente os barqueiros dos grandes rios são temidos. Aymeric Picaud chega a amaldiçoá-los. Como a maioria dos peregrinos não sabe nadar, ficam à mercê desses barqueiros. Um de seus piores costumes é cobrar preços exorbitantes por uma travessia. Mas também se ouve falar de barqueiros que fazem virar intencionalmente as balsas sobrecarregadas, para afogar os passageiros e apossar-se de seus pertences. Há outros que não entendem de seu próprio ofício, que deixam suas balsas seguir fora do rumo e largam os peregrinos em qualquer margem no meio do mato. Em seu manual, Picaud também fala sobre troncos flutuantes, e recomenda com veemência que só se embarque em pequenos grupos, e que os animais venham nadando, puxados por cordas – não importando com quantos passageiros um barqueiro deseje lotar uma balsa.

Se a distribuição da carga dá certo, se a meta do dia é alcançada, o mal-estar, no entanto, não acaba aí – mesmo que tudo esteja na mais perfeita ordem. É interessante notar que muitos peregrinos demonstram aversão por comidas que lhes são estranhas. Ingerir uma coisa desconhecida requer, certamente, um grande esforço. Entretanto, não são só as línguas dos peregrinos que rejeitam paladares estranhos; o efeito estende-se também aos seus estômagos igualmente desacostumados, que não aceitam aquelas comidas. Até mesmo o passageiro de primeira classe Arnold von Harff sofreu diversas vezes com diarreia, a bordo de sua galera veneziana. Por melhor que fosse a refeição servida, ele mandava preparar, através de seu intérprete, alguma coisa especial "para restabelecer o corpo, o que acontecia frequentemente, quando o chefe não cozinhava algo que agradasse ao nosso paladar". Ou seja, durante a viagem, o cavaleiro alemão dificilmente tocava em alguma preparação italiana, mesmo que encontrasse alguma coisa típica do seu país no meio.

E logo a cozinha italiana! Ainda ia levar muito tempo até se tornar uma preferência geral. Peregrinos estrangeiros chegam a levar a bordo galinhas e outras provisões vivas, e, por meio de arranjos no navio, cozinham de acordo com seu próprio gosto, caso tenham contratado um pacote econômico, pois não lhes agrada muito a ideia de suportar, semanas a fio, a cozinha italiana. A salada no azeite de oliva lhes parece especialmente intragável. O francês Picaud demonstra uma aversão análoga com relação à cozinha espanhola. "Seja enguia ou tenca, jamais comas algo na Espanha ou Galícia", ele adverte os leitores, "pois, sem dúvida, logo morrerás ou adoecerás. [...] Qualquer tipo de peixe, carne bovina ou suína, na Espanha e na Galícia, é causa de doença para o estrangeiro".

Conclusão: só após estarmos bem acostumados podemos engolir essas coisas, sem que depois venha a doença. O mesmo acontecia com os enrolados de carne que nos eram oferecidos em nossa peregrinação através da França e Espanha, e a carne preparada pela cozinheira do nosso padre, durante a viagem. Também éramos autossuficientes. Naturalmente, queríamos reduzir ao máximo os custos de viagem, mas, acima de tudo, a cozinha espanhola não nos parecia muito confiável. O medo de "arrebentar com o estômago" longe de casa ainda era grande no meu tempo. Uma coisa é certa: a curiosidade pela comida das terras visitadas não funcionava como estímulo à peregrinação na Idade Média.

Pode ser que Hermann Künig, em seu manual, recomendasse os estalajadeiros alemães ao longo do caminho de Santiago, porque em seus estabelecimentos seria mais presumível encontrar algo aceitável para estômagos alemães. Mas, principalmente, o peregrino alemão tinha ali a garantia de não ser passado pra trás nem ficar exposto à zombaria. Künig também cita e adverte a respeito de certas hospedarias nas quais peregrinos alemães não são bem recebidos. Porém, naquele tempo os albergues apresentavam um outro motivo bem diferente para queixa

Há muito que as antigas hospedarias de administração espiritualmente orientada haviam se transformado em lugares cujos proprietários tinham todos, sem exceção, a pior fama possível. Eram acusados de vender vinho de má qualidade, peixe estragado e carne de validade vencida, e tudo a preços excessivos. Ou de embebedar os peregrinos exaustos com vinho forte, para roubá-los quando estivessem em sono profundo. Um conselho dessa época diz que o bom é você se deixar ridicularizar pelo estalajadeiro e ficar atento aos detalhes. As hospedarias não são mais o que haviam sido outrora. Künig cita um estalajadeiro de Burgos que envenenou centenas de peregrinos e provavelmente afanou os pertences dos mortos. A estaca na qual ele foi executado a flexadas é ponto turístico para os peregrinos de Santiago.

Mas, 350 anos antes, Picaud já expressara sua indignação: "No caminho para os santos existe abuso e fraude em abundância".Todos querem a sua parte na grande pilhagem, e, com inesgotáveis engodos, os peregrinos sem malícia são espoliados. Picaud conta, página por página, num tom nitidamente amargurado, tudo de que os caloteiros são capazes. Há os falsos padres, que, no meio do caminho, abordam os peregrinos, ouvem suas confissões e depois impõem penitências em dinheiro, que, a olhos vistos, introduzem em sua própria bolsa. Nas margens das estradas, mendigos, que em muitos casos não o são realmente, pedem esmolas. Alguns besuntam braços ou pernas com sangue de coelho, para dar impressão de ferimento recente, outros enegrecem bochechas e lábios, para simular doenças pavorosas. E, depois, há o eterno problema dos hoteleiros. Alguns escorraçam os hóspedes anteriores, quando veem que chegam novos usando túnicas de peregrino, e depois os expulsam também. Outros possuem barris subdivididos internamente, contendo vinhos de diferentes qualidades. Antes da refeição, fazem seus hóspedes provarem do bom vinho; depois da refeição, só lhes servem o pior. E, em toda parte, tanto nas tabernas quanto nos mercados, são cobrados preços exorbitantes por mercadorias que geralmente não valem nada. Resumindo: um peregrino, que não esteja constantemente atento, em pouco tempo vai ficar sem um centavo.

Portanto, uma peregrinação só resulta num empreendimento barato para alguém que, em qualquer circunstância, não coma coisa alguma e se aproveite da compaixão dos companheiros de viagem, ou apele para a mendicância. De fato, o *Liber Sancti Jacobi* exorta os peregrinos do século XII a, de preferência, não levar dinheiro algum e, como os apóstolos, partir sem um níquel na bolsa; só que a imagem ideal do peregrino despojado não condizia mais com a realidade. Muito menos no final da Idade Média, quando lugarejos e regiões inteiras viviam do dinheiro dos peregrinos, nada diferente do que ocorre nas conhecidas regiões turísticas de hoje. O viajante se vê a braços com custos de alimentação, bebida e alojamento. É preciso pagar por medicamentos, travessias de barco e pedágios de ponte; *souvenirs* e emblemas de peregrinação, como a famosa concha de Santiago, custam dinheiro; sobretudo no Oriente, gorjetas são cobradas o tempo todo. A confissão nunca é gratuita e, quando o peregrino de Jerusalém chega ao porto de Jaffa, toda a tripulação do navio se amontoa no convés, com tigelas nas mãos. Um manual de peregrinação recomenda não ignorar nenhum desses recipientes. Dos peregrinos sempre se espera esmolas generosas.

Em outras palavras: peregrinar não é uma questão só de esgotamento e perigo, mas também de dinheiro. Para uma viagem a Jerusalém é preciso estar com a bolsa muito bem guarnecida – um pedreiro, por exemplo, chega a gastar o montante de dois anos de trabalho, mesmo que reserve lugar numa viagem de classe econômica. E, como peregrinos comuns não conseguem empréstimo em lugar nenhum, o dinheiro da viagem precisa ser sempre carregado – dinheiro vivo, naturalmente. Sem falar no peso, um carregamento desses é também um considerável risco de segurança.

Assim, pequenos grupos de peregrinos são presas fáceis para bandos de salteadores. Particularmente em regiões montanhosas, onde eles têm facilidade em se esconder. Picaud suspeita generalizadamente dos bascos, no sentido de roubar dinheiro de peregrinos, mas não é só por isso que a passagem dos Pirineus é considerada uma etapa de risco. Arnold von Harff passa, justamente na Espanha, pelas piores experiências de toda sua viagem. Nas proximidades de Burgos, por exemplo, seu grupo de viagem é atacado por bandidos. Dois de seus companheiros morrem no incidente; ele próprio escapa por pouco, marchando a pé dia e noite, até chegar à segurança das muralhas de

Burgos. Parece que, na Espanha, atuavam inclusive quadrilhas estrangeiras, pois, segundo Harff, todo o caminho de Santiago seria "como que feito para aquela corja, gente que em nosso país roubou, assassinou, traiu e arruinou seus senhores".

Peregrinos que optam pelo caminho marítimo são menos sujeitos a isso, desde que cheguem mais rápido ao seu destino. Portanto, a viagem de navio não é preferida só entre peregrinos de Jerusalém, mas também entre ingleses e alemães do norte que pretendam ir a Santiago. Entretanto, ninguém deve sentir-se mais seguro a bordo do que em terra, pois navios de peregrinos não são um tabu para os piratas, conforme veremos nos dois exemplos a seguir. No ano de 1378, um navio de peregrinos do Danzig, tão logo é avistada a costa espanhola, é atacado por piratas ingleses, que investem furiosamente contra os peregrinos. E, em 1453, sarracenos capturam um navio com 300 peregrinos – os homens são mortos, as mulheres violentadas. Para quem sobrevive a ocorrências assim, a peregrinação a Jerusalém acaba em mercados de escravos em Constantinopla ou no norte da África. Mas, com tudo isso, Arnold von Harff nada teve do que se queixar em sua viagem pelo Mediterrâneo. Enfim, a galera em que viajou possuía um arsenal completo a bordo, quase o suficiente para uma batalha naval, além de ser equipada com boa artilharia, e, conforme ele conta, havia a bordo quatro pedreiros que, da manhã à noite, não faziam outra coisa senão modelar pedras brutas como balas de canhão.

Já o peregrino comum tinha que estar preparado para tudo. Só um rio pode ser um grande obstáculo, um prato espanhol de peixe pode ser o suficiente para deixá-lo doente. Em vista de todos esses perigos, adversidades e incertezas, não é um milagre o fato de alguém, mesmo assim, querer peregrinar? Quem dentre nós, hoje, sequer pensaria em partir numa peregrinação sob tais circunstâncias? Com que pavor estudamos as recomendações da chancelaria, antes de visitar um país fora da Europa, com que facilidade desanimamos ao saber sobre batedores de carteiras e ocorrências de acidentes em algum destino de viagem! Trocando em miúdos, como nos tornamos medrosos, em comparação com nossos precursores nas vias de peregrinação da Europa, e como isso é conveniente! Talvez invejemos aquela gente por seus objetivos e por sua certeza de que os objetivos compensavam todos os esforços e riscos.

Como se explica tanta intrepidez? Mais que tudo, pela fé, penso eu. Não é aquela intrepidez do aventureiro, que quer se pôr à prova no perigo. Também não é aquela do desbravador, que sonha com fabulosas riquezas e, assim, deixa todos os receios de lado. Nem tampouco a dos atletas que exibem habilidades arriscadas. Trata-se daquela intrepidez imperceptível das pessoas comuns, que sabem que sua existência terrena está diariamente em perigo e, mesmo assim, não temem por suas vidas. A fé gera confiança, é esta a minha convicção e minha vivência. E esta vivência não é uma capacidade exclusiva dos cristãos; também encontramos a mesma confiança entre fiéis de outras religiões.

Vem-me à mente os peregrinos de Meca que encontrei no aeroporto do Cairo. Na sala de espera, bem perto de nós, separados só por uma divisória de vidro, encontravam-se centenas de muçulmanos, cada um em sua roupa branca de peregrino. O tempo todo irrompiam conjuntamente em altos clamores e cânticos, e devo admitir que quase fiquei com medo. O tipo ostensivo de seu destemor não era exatamente do meu gosto, mas foi, de fato, uma confirmação de que toda fé gera coragem e força. E, assim, aqueles peregrinos me provaram, mais uma vez, que a fé nunca é um mero ato de esforço individual. Ela precisa de vivência comunitária, porque isto reforça a identidade religiosa das pessoas.

Ninguém desenvolve esta identidade por si só. Sejamos cristãos ou muçulmanos, nós a vivenciamos como integrantes de um grupo – sobretudo quando viajamos em comunidade para um destino comum. E, justamente para os peregrinos muçulmanos, a busca desse destino foi, antes da era da aviação, associada aos mais peculiares infortúnios de percurso. O que não tiveram essas pessoas que enfrentar, quando, às dezenas de milhares, em longas caravanas, partindo do Cairo ou seguindo ao longo da costa oriental do Mar Vermelho, dirigiam-se a Meca – calor, fome, sede, doença, ataques de beduínos ou morte de camelos, que são indispensáveis nessas regiões. Catástrofes também fazem parte da história do Hajj, e eles eram, segundo tudo indica, conduzidos por uma coragem inabalável. Catástrofes como aquela que o autor turco Muammer Tuksavul vivenciou, ainda criança, no início do século XX, no porto de Jeddah.

O Hajj estava quase no fim. Como muitas outras, a família do autor embarcou para a viagem de regresso. O jovem Muammer estava observando os muitos barcos repletos de peregrinos, quando um deles adernou de repente e centenas de pessoas foram arremessadas do convés. Ele ficou apavorado. Mas o que o horrorizou mais ainda, o que sentiu como a verdadeira desgraça, foi o fato de ninguém, nenhum bote vir em socorro dos náufragos. Ninguém se afligiu por eles. Logo os corpos flutuavam à deriva nas águas do porto. Aturdido, ele se voltou para um velho empregado de seu pai, e este disse: com certeza era este o destino dessa gente: afogarem-se. Viram a sagrada Kaaba, rezaram a Deus por seu perdão, e agora voltaram a Deus. "São abençoados", concluiu o ancião.

Para o peregrino muçulmano, a fatalidade é um fator de risco intrínseco; a morte de seus irmãos de fé lhes parece um efeito colateral da peregrinação. De qualquer modo, peregrinos cristãos não são sujeitos a tal tipo de indiferença. Até onde sabemos, eles vivenciam ajuda e solidariedade em alto grau. Os contatos com estalajadeiros vigaristas e barqueiros desaforados não devem ter sido um fator determinante para suas experiências de viagem, pois, em oposição aos velhacos, havia os eremitas que acolhiam peregrinos sob seus tetos durante a noite, havia os monges, com cujo apoio todos podiam contar, os muitos residentes locais, que, a qualquer momento, tinham sempre um pedaço de pão e, muitas vezes, um leito para os peregrinos, as hospedarias, onde, às vezes, só para expressar boas-vindas, lavava-se os pés doloridos dos peregrinos. E, não menos importante, os companheiros de viagem, que acolhiam o pobre faminto, integrando-o ao grupo, às vezes até pagando sua passagem marítima para a Terra Santa. Mais que tudo, o que nunca deixa de me fascinar é a intensidade do sentimento de misericórdia que, naquela época, se encontrava em todas as rotas de peregrinação.

Em última análise, a maior parte dos europeus veem-se como participantes de todos esses contrastes, todas as variantes da cultura católica alastrada, que têm no bom samaritano a imagem ideal. E todo peregrino de hoje poderá confirmar. As agruras não se gravam muito na memória. Entre as experiências mais marcantes está a solidariedade e, mais que lembrar as passagens ruins, ficamos gratos pelo que há de bom.

# 8

## "Não havia ninguém lá que não ficasse arrepiado"

### *Enfim, cheguei!*

Sabemos o que o peregrino medieval espera alcançar quando chega ao seu destino. Mas, o que realmente o aguarda no final do caminho? O que pode ocorrer nos grandes pontos de peregrinação? O que acontece lá? E de que modo o santo é lá venerado? Antes de começar a falar dos lugares clássicos de peregrinação, eu gostaria de fazer uma incursão numa rota contemporânea, isto é, o caminho mexicano de Tila. O lugarejo, na região montanhosa de Chiapas, todo mês de junho é destino de uma grande peregrinação indígena, e, no ponto máximo da festa, pode-se ter a sensação daquela atmosfera que um peregrino medieval sentiria ao alcançar sua meta. A motivação da rota de Tila é o Cristo Negro, famoso em todo México, uma figura original, artisticamente esculpida em ébano, que começou a ser venerada por volta de 1539. Eu mesmo nunca tive a felicidade de presenciar este evento. A descrição a seguir eu devo a um escritor amigo meu, que visitou Tila na década de 1990, por ocasião da romaria. O texto começa com a manhã do grande dia, no qual os grupos de peregrinos chegam à pequena cidade montanhesa de Tila:

"A via de acesso, no vale lá embaixo, estava abarrotada de ônibus multicoloridos, vindos de todas as partes do México. Eles serviam tanto como meios de transporte quanto dormitórios. Muitas redes, por trás dos vidros empoeirados, naquela hora da manhã, ainda pendiam sob o peso de corpos sonolentos. Mas já havia grupos tratando de subir a via íngreme que levava a Tila, peregrinos e vendedores, com latas de água potável, sacolas cheias de milho, tigelas com tortilhas na cabeça, cestas cheias de frutas aos braços, uns apoiados em muletas, outros carregados de pacotes de velas e crucifixos, um levando uma vara nos ombros com seis perus vivos de ponta-cabeça. Graças a Deus, a cansativa marcha acima não tinha que ser vencida de uma só vez, pois, à direita e à esquerda, cada porta de entrada fora transformada numa pequena quitanda, uma espécie de café provisório, e, em toda parte, ofereciam-se tachos com iguarias aromáticas fumegantes, para as pausas de descanso.

Chegando lá em cima, a multidão estacou, porque as ruas da pequena cidade, apinhadas de estábulos e barracas, haviam se tornado quase intransitáveis. No perímetro da igreja, a oferta de alimentos deu lugar a uma fome insaciável de fé. Em grande quantidade, expunham-se à venda pinturas com a cabeça do Salvador, em todas as fases concebíveis de sua agonia, e também crucifixos de todas as cores, mas predominando as cores rosa e verde-limão, e fotomontagens, nas quais o Cristo moribundo surge sobre um pano de fundo da cidade de Tila. As esquinas estavam cheias de mulheres índias sentadas no chão diante de montes de bonecas de pano, com bebês inquietos no colo, e, no meio de todo esse empurra-empurra, zanzava pela multidão um vendedor que carregava, amarradas às costas, gigantescas imagens de Cristo emolduradas.

Um portão de ferro formava o último gargalo, por trás do qual abria-se o adro da igreja, em frente a cuja porta estava sentada uma mulher idosa cercada por altas pilhas de ervas que cheiravam a camomila. E ninguém passava pelo portão sem antes comprar um pequeno feixe de ervas.

No adro, uma passagem foi liberada à multidão que aguardava. Através do caminho, os grupos de peregrinos seguiram, em curtos intervalos, até o portal da igreja, amplamente aberto. O canto baixo da multidão foi ofuscado pelo estrondo dos trompetes, acordeons, violinos e guitarras das bandas mariachi, que conduziam cada grupo de peregrinos – e, quando entravam na igreja, os trompetes soavam num tom claro e doce, exultantes diante do altar, em honra ao Cristo Negro.

Na grande igreja de Tila o número de pessoas já formava uma boa quantidade; mesmo assim sempre sobrava lugar para quem chegasse a mais. Todos os olhos focavam o iluminado e amplo santuário, instalado sob a cúpula, e a alta cruz de concreto encostada na parede, onde um homem, naquele exato momento, esticava-se ao nível da magnífica imagem do Cristo Negro de Tila, para vestir-lhe os quadris com um novo pano vermelho sangue.

O avanço dos grupos de peregrinos e dos músicos não parava. Mariachis, em uniforme de gala, soavam alto seus trompetes. Fanfarras triunfais, gritos de júbilo dominavam a nave da igreja, e, nas laterais, as fileiras de crentes se comprimiam, passo por passo, na direção do Cristo, para finalmente, após horas de espera, confrontar a cruz de ambos os lados, para beijar os pés perfurados do Crucificado e esfregar na madeira de suas pernas as velas e feixes de camomila que traziam. Depois erguiam os braços, passavam as mãos nos seus joelhos e nas pernas abaixo, colhendo ali um sangue imaginário que esfregavam nos rostos, nos cabelos, pescoços, braços e pernas, como se impregnando com aquele sangue, o sangue invisível do Cristo Negro de Tila. E, nesse ínterim, sempre havia alguém que colocava um novo pano nos quadris do Crucificado.

Em meio a isso, os dois padres franciscanos, diante do altar, tinham muito que fazer. Grandes multidões se formaram, todo mundo se imprensando e apertando, e cada vez mais peregrinos empurrando na retaguarda. Um dos padres, usando um funil, ficava o tempo todo enchendo com água benta garrafas plásticas, que lhe estendiam de todos os lados. Em meio ao tumulto, sobrepôs-se um homem idoso que, rezando em altos brados, tocava com seu pacote de ervas os outros fiéis ao redor. O segundo padre, naquele momento, tratava de abençoar os peregrinos em torno de si, com um feixe de rosas embebido em água benta. Um homem, que acabava de ajoelhar-se diante dele, ergueu uma estátua de madeira de touro zebu, e, assim que o borrifo de bênçãos caiu sobre ele, perigou cair sob um mar de crucifixos, que outros braços estenderam de pronto. Era um magnífico exemplar de zebu, com volumosa corcova, e foi protegido dos crucifixos e colocado no altar, como oferenda votiva. Assim passavam-se as horas, e, para onde se olhasse, decorriam cenas de uma fé forte e simples.

Por volta do meio-dia, um aroma envolvente invadiu o adro. De fato, nas ruas por detrás da igreja, havia restaurantes de estrada, um após o outro, cada um com sua cozinha aberta, uma mesa comprida e pequenas cadeiras bambas de madeira. Ao redor da igreja, podia-se comer em toda parte, todo o centro da cidade de Tila era uma feira de quitutes: cabeças de porco defumadas, carne de peru em postas, molho pardo, frangos marinados, almôndegas, salgados quentes, biscoitos doces de coco. Depois da alma, vinha o corpo buscar sustento Era preciso fortalecê-lo, pois os peregrinos tinham à frente a segunda e mais dura etapa da jornada, a subida até o topo da montanha próxima, onde, no meio da névoa, se percebia uma grande cruz. Lá em cima é que o Cristo Negro fora encontrado, conforme se dizia, no interior de uma gruta, e ninguém poderia reclamar o honroso título de peregrino de Tila sem ter rezado também no lugar da magnífica descoberta.

Ali onde teria início a subida, havia algumas varas recém-cortadas, como cajados de viagem improvisados. Entretanto, só alguns poucos as usaram, ainda que o caminho ascendente não fosse mais que uma picada, marcada ao longo de séculos por milhares de pés de peregrinos. Sobre um contínuo rolar de pedrinhas, encostas rochosas e escarpas argilosas, o caminho, sempre íngreme, subia a montanha, mas, aparentemente, ninguém se assustava: na fila humana, que ziguezagueava montanha acima, seguiam mulheres idosas encurvadas, jovens mães com filhos pequenos nos quadris, famílias inteiras. Alguns cantavam em voz baixa, e muitos subiam descalços. Ao longo do caminho havia pontos de parada com muitos arbustos de ervas. Ali era feita uma pausa para recuperação de forças e alguns se batiam com aquelas ervas. Os incansáveis prosseguiam seu caminho, enquanto outros descansavam nos blocos rochosos à margem, sorviam um copo de papa de milho e tomavam fôlego. Mas ninguém parava por muito tempo, todos logo retomavam a íngreme e pedregosa rota montanha acima, até o local de origem do Cristo Negro.

Lá chegando, todos cumpriam o mesmo ritual. Acendiam uma vela, ajoelhavam-se, faziam uma prece, depois colocavam sua vela acesa aos pés da elevada cruz, entre feixes de ervas e tranças de cabelo humano, e se comprimiam entrando na gruta, que não se apresentava mais como uma estreita fenda na rocha iluminada por velas, mas, por uma ordem celestial do Cristo Negro, desabrochava de repente, como o ventre da terra, que ainda era fértil e dava à luz imagens sagradas. Quem ia querer saber que a aquela imagem do Cristo é atribuída a um escultor guatemalteco do século XVI? É o que se diz, mas a questão não é esta. A questão é que o Cristo de Tila emergira de uma interação do céu com a terra, do céu cristão com a terra indígena e, como sua origem, nada era mais adequado que aquela gruta no alto de uma montanha, um lugar envolvido pelas nuvens. Portanto era correto venerar o local. E, pelas mesmas razões, a peregrinação de Tila não terminava lá embaixo, na igreja do famoso crucifixo, mas lá em cima, entre o céu e a terra".

Ali se constata muito bem como a alegria festiva e o gozo da vida se mesclam, de um modo automático e tradicional, com a devoção profunda e a disposição ao sofrimento. Ali se condensam, no ritual da chegada, as experiências de toda uma vida humana. Para mim, porém, o que há de mais notável neste relato é a fé dos peregrinos. Em Tila, pode-se vivenciar nitidamente uma versão popular da fé cristã, que também deve ser notada entre os peregrinos medievais, uma fé impregnada de fervor, sinceridade na entrega e uma confiança que vem de tempos ancestrais. E esta fé não é encontrada só em Tila, mas em muitos pontos da América Latina, bem como na África – na Etiópia, por exemplo, um país de longa história cristã. Lá também há uma velha tradição de peregrinação, e muita coisa lá faz lembrar os velhos tempos das peregrinações entre nós.

A Etiópia tem quatro pontos de peregrinação de extrema importância, a saber, o Gishen Mariam, uma montanha de 3.200 metros em cujo cume a Cruz de Cristo teria sido enterrada; a ex-capital de Axum, onde, segundo a tradição etíope, teria sido guardada a Arca da Aliança dos israelitas; Lilibela, a cidade da igreja subterrânea de pedra, e Kulebi, cenário anual da festa de Gabriel. Esses lugares atraem 10.000 peregrinos nos grandes dias santos, e, semanas antes, o país já entra literalmente em ebulição. Em todos os lugarejos e cidades, como os nossos peregrinos da Idade Média, o povo parte em pequenos ou grandes grupos, entra dia, sai dia, seguindo à margem de estradas poeirentas com pouca bagagem, percorrendo umas centenas de quilômetros. Outros passam em pequenos ônibus lotados, dos quais se ouvem à distância cânticos religiosos amplificados por alto-falantes. Cobertos de poeira, eles chegam ao destino às vésperas da festa, irrompem de todos os lados ao mesmo tempo, colocam-se ao redor do lugar sagrado, acampam em tendas ou passam a noite ao relento, envolvidos em suas capas. Observando tanta falta de comodidade, e o estoicismo com que esses peregrinos participam de todas as cerimônias religiosas, a gente faz uma ideia do ânimo que, em tempos idos, a prática da peregrinação deve ter gerado também entre nós. E não menos significativa é a amostra que as gigantescas aglomerações nos grandes pontos de peregrinação etíopes nos dão daquilo que o peregrino europeu medieval encontrava ao final do caminho.

Como, por exemplo, em Aachen. Lá, no ponto alto da festa, se assim podemos dizer, o inferno era liberado. Aachen, ao lado de Wilsnack e Colônia, figurava entre os mais importantes pontos de peregrinação da Alemanha, o que se deve ao extraordinário tesouro em relíquias da velha cidade imperial e às suas quatro maiores atrações, ou seja, uma veste de Maria, cueiros de Jesus, o pano que envolvera a cabeça de João Batista e um envoltório íntimo de Cristo. A catedral de Aaschen foi tida como o mais precioso relicário eclesiástico ao norte dos Alpes, e a exposição pública desses tesouros era um grande acontecimento. Por ocasião da abertura do santuário no ano de 1510, teria afluído, segundo relato de uma testemunha ocular, uma multidão tão imensa que as casas ao redor da catedral tiveram que ser escoradas, para não desmoronarem sob o peso dos espectadores encarapitados nas janelas e telhados. E, nas ruas, em meio à turba, mal podia alguém se manter sobre as pernas. "Eu vos asseguro", escreve o nosso relator, "que o aperto era tal, que, se caísse algum dinheiro da mão de alguém, seria impossível pegá-lo de volta".

Parece que a contemplação das relíquias causava nessa gente um verdadeiro frenesi. Poder-se-ia dizer, prossegue a nossa testemunha, "que toda a cidade tremia sob o estrondo sonoro de homens e mulheres que gritavam: – Misericórdia! E não havia ninguém que não ficasse arrepiado e com lágrimas nos olhos". Ao mesmo tempo, soavam sem parar incontáveis trompas, a tal ponto que o barulho ficava ensurdecedor. A multidão toda avançava, portanto, em enorme exaltação de sentimentos. Um observador moderno provavelmente ficaria chocado diante de tamanha histeria coletiva.

A expectativa de um profundo choque espiritual era, certamente, um estímulo capital para uma peregrinação, pelo menos entre peregrinos sérios. Mas nem em todo lugar ocorria aquela turbulência que se passava em Aachen. Em Santiago, por exemplo, os peregrinos se comportavam de modo civilizado, pelo menos no início do século XII, quando os fiéis tinham acesso ao *Liber Sancti Jacobi*. Isso também pode ser porque os peregrinos recém-chegados procuravam passar a primeira noite na catedral, um ambiente que impõe um certo decoro. Mas a descrição do *Liber Sancti Jacobi* dá a entender a ocorrência de murmúrios abafados na casa de Deus à noite, e a agitação geral, devido à presença de centenas de pessoas. Os peregrinos de Santiago também não ficavam em prece silenciosa, como acharíamos adequado hoje.

Logo após a chegada, segundo consta, os grupos de peregrinos se aglomeravam em torno do altar onde fica o relicário de São Tiago, certamente separados por nacionalidade. Para alemães, franceses e italianos havia lugares reservados, todos os demais tinham que se arranjar de algum jeito. Cada um trazia uma vela acesa na mão, de modo que, conforme se diz, a igreja ficava bem iluminada, e todos se mantinham acordados com cânticos e preces. Cada grupo também devia ser bem preparado musicalmente, todos equipados com instrumentos, e, de acordo com o *Liber Sancti Jacobi*, não só com flautas, liras e rabecas, mas também com timbales e trombetas. E, na música de fundo dessas noites, as boas maneiras não contam – quem vai querer ser ofuscado, quando todos se esforçam para que o santo os ouça? Naquele meio, mesclavam-se vozes de peregrinos, confessando seus pecados em alta voz, ou recitando salmos, e tudo aquilo – preces, cânticos, recitações e confissões – em diversos idiomas do mundo cristão. Provavelmente ocorriam quebras de harmonia, e, se o nosso texto fala de uma festa ininterrupta na catedral de Santiago, pode-se presumir que a coisa chegasse a climas inauditos.

Essas antigas fontes também indicam que nem sempre corria tudo em paz. Os peregrinos eram ansiosos pelo contato direto com o santo, por tocar seu relicário, beijar sua imagem e permanecer o máximo de tempo possível no campo de energia de sua tumba, o que era frequentemente acompanhado de uma acirrada disputa pelos melhores lugares. Entretanto, o *Liber Sancti Jacobi* critica o descarado egoísmo de alguns peregrinos, e cita o caso de dois grupos, um francês e um basco, que, diante de um altar, engalfinharam-se de tal modo que a contenda gerou duas vítimas fatais. Parece que no final da Idade Média os costumes estavam ainda mais decaídos. Santiago estava totalmente profanado, uma autêntica feira. Sem ocultar a raiva, um peregrino alemão assim descreveu o panorama no ano de 1494: "Aquela gritaria constante dentro da igreja era tal que lembrava o ambiente de uma feira. [...] O santo apóstolo merecia ser venerado com mais respeito".

Mais ou menos na mesma época, Arnold von Harff veio a Santiago, e seu comentário sobre o ponto de peregrinação que ocupava o segundo lugar na Europa também foi pouco lisonjeiro. De um modo um tanto depreciativo, ele fala de uma cidade bonitinha com uma grande igreja, não menciona pontos de atração e estende-se apenas a respeito da disputa que ele mesmo provocou com sua exigência de ver o corpo do santo.

Harff prossegue, sem papas na língua: "Muitos negam abertamente que o corpo do apóstolo esteja lá", ele observa. Então, querendo saber a verdade, dirige-se a um guarda, na catedral, solicitando permissão para dar uma olhada no túmulo de Tiago, oferecendo-lhe por isso uma considerável soma. Seu desejo ficou na saudade. Será que ele achava que poderia identificar os ossos? Ou só queria certificar-se de que a tumba não estava vazia? Não temos como saber, mas a coisa também não foi longe – o guarda deu o xeque-mate. Quem não acredita – disse ele – fica imediatamente louco como um cão danado. "Com aquilo eu já tinha informação bastante", assim Harff comenta este incidente – e mantém o mesmo tom de ironia quando, mais adiante, fala das barracas de *souvenirs* em frente à catedral, onde incontáveis conchas, grandes e pequenas, eram expostas à venda. "Tu podes comprá-las e prender uma no teu manto, para depois dizeres aos teus conterrâneos que estiveste lá", ele observa com sarcasmo.

Eu realmente sei, por minha visita a Lourdes e a outros grandes lugares de peregrinação, que nem sempre impera o espírito de solenidade, nem sempre tudo decorre piedosamente, e muita coisa ali pode incomodar um cristão sério. Mas com Arnold von Harff, de qualquer modo, ocorreu algo mais: Santiago lhe inspirou frieza, pois ele já visitara dois pontos de peregrinação de calibre muito maior, ou seja, Roma e Jerusalém. Estivera na presença do papa, caminhara pelas mesmas ruas e vias por onde passara o Salvador, vira com os próprios olhos o lugar de nascimento do cristianismo e a capital da Cristandade, coisas que outros só conheciam pelas Sagradas Escrituras e pelo que ouviam dizer – diante das quais Santiago fica, naturalmente, em plano inferior. Além do que, após uma peregrinação de dois anos, ele é um viajante tarimbado que, diante de pessoas que querem impressionar os conterrâneos com "conchas de Santiago", só pode reagir com um sorriso amarelo. Ele trazia *souvenirs* completamente diferentes na bagagem, como, por exemplo, um anel de ferro que ele polira pessoalmente em todas as pedras sagradas de Jerusalém – uma relíquia de contato genuína! Enfim: um homem com sua vivência não chega em Santiago de Compostela ingenuamente.

Seja como for, a importância daquela região não se compara ao nível do significado histórico-sagrado de Roma e Jerusalém. Santiago nos oferece um apóstolo, é verdade, mas só em Roma e Jerusalém se encontra a plena riqueza da tradição cristã. Mas, basicamente falando, é tão diferente assim? É menos comercial e "turístico"? Lá sentimos mais a presença da sacralidade séria?

Na verdade, as características específicas desses dois lugares são completamente distintas. Falando sem rodeios, nenhum outro lugar da Cristandade pode equiparar-se a Jerusalém. Ali nos encontramos na pátria de Jesus Cristo, nas origens da fé, ali o solo é todo sagrado, e cada pedra uma possível relíquia de contato. Além disso, os peregrinos de Jerusalém seguem o exemplo de Jesus Cristo em seus mínimos detalhes, conforme o próprio Jesus participara nas grandes peregrinações festivas judaicas, antes na infância, com seus pais, mais tarde com seus discípulos. Não é de admirar que peregrinos de toda parte do mundo cristão já visitassem Jerusalém na Antiguidade.

Existe uma prova fantástica dessa antiga tradição peregrina cristã, e é, com certeza, o mapa mosaico de Madaba (atual Jordânia): um mapa da Palestina, feito com aproximadamente 400.000 pedrinhas coloridas, que, no século VI, adornava o pavimento de uma igreja. Ele mostra a Terra Santa pela perspectiva de um pássaro; com sua precisão geográfica, é impressionante e cativante na riqueza dos detalhes, tais como crocodilos, barcos do Jordão, tamareiras, povoados e cidades, todos assinalados com seus nomes gregos. Jerusalém é retratada com tal precisão e tão bem legendada, que dá até para identificar os prédios um por um. É provável que esse mosaico servisse de informação para peregrinos vindos do Leste com o intento de visitar a Terra Santa. Ali podiam se orientar, ler no chão da igreja como num guia de viagem, e assim planejar sua rota. É o único mosaico da Antiguidade que apresenta um mapa – já se pode avaliar daí o grau de importância da Terra Santa na consciência cristã.

Além disso, a alta reputação de Jerusalém baseia-se no pressuposto de que a cidade seja o "umbigo do mundo". Harff reafirmou este conceito, localizou o centro do universo no Santo Sepulcro, erguido sobre a localização da cruz: "Ali deve ser, assim se diz, o ponto central do mundo, conforme Deus o designou", ele escreve. Portanto, nenhum outro lugar deste mundo pode ser mais sagrado, não se pode chegar mais perto de Deus em qualquer outra parte, e muitos peregrinos medievais já caíam em êxtase só por entrar em Jerusalém. A presença de Jesus é sentida em toda parte; era comum alguém reagir a isso com gritos de júbilo ou lágrimas de alegria.

Por outro lado, recomenda-se aos peregrinos cristãos conter os impulsos durante o dia, pois, desde a derrota dos cruzados em 1291, toda a região ficou sob domínio dos sarracenos muçulmanos, e, desde então, a primeira regra do peregrino é manter a atitude mais discreta possível. É claro que os novos governantes possuem tino comercial o bastante para tornar a liberar sem demora a atividade peregrina, bem como os franciscanos, em 1313, são autorizados a se estabelecerem num mosteiro sobre o Monte Sião, em Jerusalém; mas a população está extremamente sensível contra manifestações de fé cristã, e contra costumes europeus em geral, o que torna válidas estritas regras para peregrinos: sob qualquer circunstância, nunca olhes para uma mulher – sarracenos são extremamente ciumentos! Se bates amigavelmente nas costas de um homem, ou lhe puxas a barba – ele se transforma na personificação da fúria! Se um muçulmano pedir água, nem penses em lhe dar vinho – depois do primeiro gole, ele cai em cima de alguém! Nunca entres numa mesquita – é morte certa! Concluindo: fica longe de cemitérios islâmicos. Renuncia a preces e cânticos cristãos em público! Se fores atacado, não resistas! Assim que chegava a Jerusalém, todo peregrino logo se familiarizava com essas regras de cautela. A prudência determinava que o cristão contivesse seus humores e ímpetos devocionais, e pode ser que, em função disto, em Jerusalém as coisas ocorressem de modo mais regrado e sério do que em outras rotas.

De qualquer modo, restrições desse tipo são amplamente compensadas. Um exemplo é o Santo Sepulcro, onde os peregrinos podiam, durante uma noite inteira, meditar na Paixão de Cristo. Outra compensação é uma visita à cidade, durante a qual se tem contato direto com todos os locais, principais e secundários, da História Sagrada. Ou uma ida ao lugar do batismo de Jesus, à margem do Jordão, onde se tem a graça única de alcançar uma cobiçada relíquia, bastando, para isso, mergulhar um frasco na água. Em tudo e por tudo, pode-se dizer: na Terra Santa o peregrino nunca passa pelas decepções costumeiras. É oferecido um programa turístico realmente espetacular, e ninguém precisa se enraivecer com as baixarias mercantilistas de outros cristãos. Em compensação, pode-se atribuir qualquer transtorno ao ardil de muçulmanos despeitados, dos quais, de qualquer modo, não se pode esperar outra coisa. Ou, por outro lado, alguém pode ter uma experiência totalmente diferente e constatar, para sua grande surpresa, que esses sarracenos não são tão ruins assim. Arnold von Harff e a inglesa Margery Kempe, por exemplo, entenderam-se bem com eles. Com certeza, eles tiveram, eventualmente, motivos de irritação com funcionários ásperos e aldeões hostis, mas, no geral, acharam os muçulmanos surpreendentemente sociáveis. E pode-se dizer que o fato de os sarracenos admitirem plenamente atividades cristãs em seu território é indício de uma tolerância incomum. Já a situação inversa de um centro de peregrinação islâmico em território cristão seria considerada inconcebível – talvez até hoje.

Um mundo completamente diferente aguarda os peregrinos em Roma, a cidade dos papas, a metrópole do cristianismo. Ali eles têm liberdade de movimento e podem dispor de seu tempo conforme queiram. As sete matrizes de Roma, com seus imensuráveis relicários, são visitas obrigatórias – Harff também cumpriu o programa certamente várias vezes. Centenas de igrejas e mosteiros aguardavam aqueles que procuravam silêncio e oração. Cada nação mantinha seu próprio albergue de peregrinos em Roma; os ingleses, por exemplo, desciam até a estalagem de Santo Tomás da Cantuária, à margem do Tibre. O ponto alto de uma peregrinação a Roma seria, naturalmente, assistir a uma missa celebrada pelo papa. Fora isto, pela multiplicidade de túmulos de apóstolos, santos e mártires, Roma possui uma aura toda especial, lá os peregrinos sentem-se como nos velhos tempos heroicos do cristianismo, tempos de perseguição, firmeza na fé e triunfo sobre o paganismo.

Porém, a Roma de seu tempo podia ser tudo, menos heroica. Sobretudo no final da Idade Média e na virada da Renascença, o peregrino, na cidade dos santos, tinha que estar preparado para presenciar as atitudes menos santas possíveis.

O conjunto predial romano já decepciona. Uma totalidade de 15.000 residentes distribui-se num emaranhado de ruas sombrias e sujas; muitas casas estão em ruínas, muitas igrejas ameaçam desmoronar. Do velho esplendor da antiga capital do mundo só resta um amontoado de detritos, e na mesma proporção de decadência está a moral dos habitantes, a começar pelo papa e o clero. Em troca de dinheiro, um leigo é absolvido de qualquer pecado; padres também só precisam pagar, se quiserem se divertir com uma concubina. Além de tudo, a cidade vive praticamente só do turismo; quase todo mundo presta serviços aos turistas, quase todos têm em vista o dinheiro deles. Excetuando o clero, o que mais se vê em Roma são hoteleiros, artesãos, guias turísticos, prostitutas, mendigos e ladrões. Segundo um ditado corrente, Roma é a Babel pecaminosa do mundo cristão, e, para um peregrino que já tenha achado indecorosa a situação em Santiago, o que ele há de presenciar na sede papal, em matéria de licenciosidade, mercantilismo absoluto e deterioração generalizada, será um verdadeiro teste para sua fé.

O autor espanhol Francisco Delicado escreveu um romance de inigualável valor revelador sobre a Roma de seu tempo, a Roma do século XVI: *Lozana, a Andaluza*. Sua personagem principal, uma certa Lozana, é parte daquela Roma ostensiva e cosmopolita. Ela sabe das coisas, já passou por tudo, e seu comentário sem rodeios forma um drástico quadro de costumes da Cidade Santa.

O autor deixa perceber que todas as mulheres que surgem em seu livro trabalham como prostitutas, seja qual for a profissão que tenham. Lozana não é exceção: oficialmente, ela é adivinha e curandeira, enquanto ganha dinheiro também como prostituta e alcoviteira. Nessa cidade, constantemente enxameada por religiosos e peregrinos, a prostituição é uma fonte de renda como qualquer outra, pois, conforme Lozana explica a um estrangeiro, em Roma impera plena liberdade – e plena amoralidade. Cada um faz o que bem entende, seja bom ou condenável. Se alguém quer andar nu na rua, ninguém lhe impedirá. Em resumo, Roma é como o triunfo dos grandes senhores, o paraíso das prostitutas, o purgatório dos jovens, uma ilusão para os pobres, um ninho de ladrões e o inferno para todos. Roma não aparece nesta descrição, nem no resto do livro, como lugar sagrado, como tesouro da fé cristã. Aí predomina, da primeira à última página, a imagem sem ilusões das entranhas de uma cidade que deve ter irritado peregrinos mais que qualquer outro ponto de peregrinação.

Portanto, as promessas dos lugares almejados nem sempre são cumpridas pela realidade. Às vezes constatam-se lá coisas completamente diferentes. Mas isto acontece ainda hoje – nos famosos lugares de peregrinação de nossos dias, com sua mixórdia de *kitsch* e comércio popular, é preciso, da mesma forma, estarmos preparados para decepções. Ao leitor de hoje, parecerão espantosos os relatos de peregrinação medievais, pois, a despeito das condições ultrajantes de Roma, nenhum autor se permitiu qualquer crítica fundamental ao cristianismo. Com que rapidez hoje se tomam falhas da Igreja como ensejo para se descartar tudo e dar as costas à fé, a Deus e à Igreja? Mas podemos perceber a distinção entre a verdade da fé e os sintomas de decadência da vida cristã, entre a Igreja, que nos oferece uma pátria espiritual, e a imagem medonha que seus representantes às vezes apresentam.

Eu mesmo constatei, certa vez, que se pode muito bem lidar com esse conflito interno, que é possível conviver com o paradoxo. Foi no México, durante um passeio pela capital. Meu motorista era mexicano, e seu assunto preferido era a ganância dos clérigos. Ele criticava o tempo todo a Igreja e sua riqueza, e não parava de falar. Mais tarde, porém, na Igreja de Nossa

Senhora de Guadalupe, eu vi como ele se juntava aos fiéis que iam rezar aos pés da Virgem, e também como, da mesma forma que os outros, ele caminhou de joelhos da entrada até o altar. Não que ele estivesse recuando em sua crítica, mas também não precisava negligenciar a alma.

No que se refere à Idade Média, de qualquer modo, esbarramos cada vez mais no fenômeno da convivência de dois fatores: uma crítica um tanto mordaz às práticas da Igreja e uma afirmação fundamental da fé. Eu vejo nisto uma postura sensata, na qual ainda hoje me exercito.

# 9

# "Cheguei a Roma na Quaresma..."

## *Dois peregrinos medievais em Roma e Jerusalém*

A peregrinação já é, por si, uma forma especial de viagem. Nela, o caminho se orienta em pontos fixos reais e geográficos, que pertencem, ao mesmo tempo, a uma outra dimensão, a outro nível da realidade. E esta outra realidade é imune à profanação geral que pode imperar no ambiente. Não há corrupção humana que possa danificar, por pouco que seja, a santidade desses lugares. Sua energia espiritual é indestrutível – a menos que percam totalmente sua aura de santidade, como no caso de Wilsnack.

Portanto, os lugares de peregrinação têm sido, ao longo dos séculos, reconhecidos pelos peregrinos como diferentes de tudo que os caminhos que levam a eles têm a oferecer. As cidades por onde passam são pontos de transição, nem por isso deixam de ser interessantes. Dependendo de sua escolaridade e alcance, o peregrino estuda atentamente o modo de vida estrangeiro, os costumes, o idioma, as relações políticas e econômicas, bem como a beleza das obras de arte, igrejas e edificações grandiosas. O livro de Santiago apela constantemente para o senso de beleza dos peregrinos, chamando-lhes a atenção para os relicários e altares trabalhados com especial originalidade artística, ou para as peculiaridades arquitetônicas de alguns prédios – tal como se vê ainda hoje nos manuais turísticos voltados para a arte. Ao se chegar ao destino, porém, o que interessa é outra coisa, ou seja, a sensação da presença do santo supera qualquer interesse pela realidade terrena. Se entre nós, hoje em dia, é difícil alguém ficar alheio à aura espiritual de cidades como Roma ou Jerusalém, os peregrinos medievais, então, nem se fala.

Tomemos as nossas duas testemunhas oculares, Arnold von Harff e Margery Kempe, como exemplos de como as pessoas vivenciam a chegada. Vamos acompanhá-los a Jerusalém e Roma e observemos como as cidades sagradas os influenciam – e se eles realmente encontram lá o que lá esperavam encontrar.

Harff e Kempe são pessoas do século XV, mas, como já foi dito, não poderiam ser mais diferentes um do outro. Harrf nós já conhecemos como um observador atento e interessado em tudo – semelhante às pessoas da Renascença – que nos surge em seu modo frio e distante, quase como alguém de hoje. Margery Kempe, pelo contrário, tem a mentalidade inconfundível de uma filha da Idade Média. Ela não conhece distâncias, ela empreende a sua peregrinação com um fervor inflamado, como uma viagem ao encontro de Deus. E também são fundamentalmente distintas as experiências de percurso vividas por cada um. Enquanto Harff dispõe de tudo, enquanto ele pode se guarnecer com o máximo de segurança e conforto, Margery Kempe tem que se desdobrar, às vezes até mendigar. E, ao passo que o cavaleiro do Baixo-Reno faz camaradagem fácil em toda parte, a inglesa geralmente se torna logo impopular entre seus companheiros de percurso. Eis o que me agrada em Margery Kempe: sua determinação e astúcia, quando se faz necessário. Sua presença de espírito. E a maneira como ela mergulha de cabeça em aventuras imprevisíveis, encorajada pela fé em Deus.

Em 1413, ela põe o pé na estrada. Está com 40 anos, tem marido e filhos. Há bastante tempo já era vista como uma fora de série. Durante a sua primeira gravidez, ela sofreu um colapso espiritual, do qual se reergueu quando Jesus lhe surgiu numa visão. Desde então, ela passa a ter constantemente estados de grande agitação, o que se manifesta em seu ambiente na forma de violentos prantos, soluços e gritos. Seus conterrâneos não sabem como classificá-la – entre os loucos ou os santos? De qualquer modo, para o grupo de peregrinos que a acolhe no caminho, uma coisa é clara: santa ou não, ela é insuportável. Um estorvo. Ela viajava sozinha e a acolhem de bom grado, mas não tardam a querer largá-la à própria sorte em qualquer lugar. Ela chega a ponto de infernizar as refeições, com suas incessantes exortações e ataques de choro. Embora sejam peregrinos e cristãos, seus exaustos companheiros não querem chegar ao extremo de ter de arrastá-la enquanto ela range os dentes; mas respiram aliviados, quando finalmente chegam a Veneza. Ali não seria difícil livrar-se dela.

Daí em diante, ela pode ser ignorada. Eles encontram uma galera adequada, entram em acordo com o capitão, sem reservar lugar para Margery. Tudo de que os viajantes precisarão durante a travessia e no Oriente é providenciado na cidade – colchões, cobertores, pratos, provisões, medicamentos, roupas leves – e Margery está devidamente excluída. Eles sentem que sua ex-companheira já está segura. A inglesa, assim creem, já não depende deles. E dizem: – Seja como for, Deus a deixou fora deste navio. Ela que embarque em outro. E, logo após esse primeiro alívio, o pior dos temores toma conta do grupo: o que Deus tem em mente? Estará este navio destinado a naufragar? Será que Margery tem mesmo o poder de ver o futuro? Imediatamente, vão falar com o capitão, e todos reservam lugar no navio escolhido por Margery – depois passam todo o mês da viagem amaldiçoando seu medo. Fora isto, tudo corre normalmente.

Será Margery Kempe uma exímia estrategista? Ou ela apenas segue inocentemente as suas inspirações? Isso jamais saberemos. Geralmente, ela não é senhora de seus pensamentos, mas, às vezes, parece dominar subitamente as situações. É justamente neste aspecto que ela difere basicamente de Arnold von Harff – ela é imprevisível, é dessas pessoas que se deixam guiar tanto por impulsos irracionais quanto por sábias ponderações. Seu relato de viagem segue a linha de um típico romance medieval – ao qual tudo que ocorre se ajusta.

Tão logo avista Jerusalém, Margery tem uma visão. Ante seus olhos espirituais surge a Jerusalém celestial, tal como a descreve o Apocalipse de São João, as ruas pavimentadas de ouro e pedras preciosas. Tomada de emoção, mal consegue montar um asno, e tem que ser amparada por companheiros. Jorrando lágrimas de alegria, ela chega à cidade, e, assim que seu grupo adentra o adro da Igreja do Santo Sepulcro, já não é só Margery que fica fora de si. Todos entram em transe ou êxtase, no lugar da Paixão de Cristo e de sua Ressurreição.

Alguns desabam, como que sem forças, jazem como mortos, ou rolam no pó, interpenetrados pela santidade das calçadas. Outros cambaleiam e tropeçam em volta, tontos, ou caminham de joelhos e rezam aos prantos, os braços abertos como os de um crucificado, ou prostram-se ao chão, soluçando alto, batendo com as mãos no rosto, ou estacam como se tivessem raízes, o corpo todo tremendo e oscilando. As mulheres gritam como num parto, choram sem constrangimento e emitem gritos de êxtase. Margery também manifesta drasticamente o seu impacto. Enfim, cada um dá asas aos seus sentimentos, até que os sarracenos chegam e enxotam todo aquele amontoado enlouquecido para a hospedaria de São João, situada nas proximidades.

Ante uma cena tal, imagina-se como a Paixão de Cristo sensibilizou essa gente, a intensidade em que os sofrimentos de Jesus ocuparam suas vidas e o quanto devem ter ansiado pela chegada a Jerusalém. Ali são notoriamente dominados pela sensação de terem alcançado o objetivo terreno de suas esperanças de fé, o cenário de sua salvação da morte. Em sua visão da Jerusalém celestial, Margery capta intuitivamente o sentimento de cada um: a Jerusalém real representa o último estágio antes do Paraíso transcendental que aguarda os redimidos. Entende-se que, ali no adro do Santo Sepulcro, isto não se dá sem explosões emocionais.

No dia seguinte, a coisa continua. A passo rápido, visita-se um lugar sagrado após o outro, e para a inglesa nada é indiferente. As fontes onde a Mãe de Deus lavara as roupas do Jovem Jesus, o pátio onde Pedro negara seu Senhor três vezes, a árvore na qual Judas se enforcara – tudo lhe causa novas emoções. Mas o ponto máximo da estada em Jerusalém, aguardado por Margery e seus companheiros, é aquela noite que, tradicionalmente, os peregrinos passam na Igreja do Santo Sepulcro.

Todos tratam de levar provisões, pois a ceia também será dentro da igreja. Eis que o portão se fecha, encerrando-os no prédio, e assim, durante uma noite inteira, todos ficam num lugar que o próprio Deus – na expressão de Harff – determinou como o centro do mundo. Isto é, localizado precisamente sobre ponto onde fora alçada a cruz de Cristo, onde a terra absorvera seu sangue sagrado e onde ele surgiu pela primeira vez após ressuscitar.

O leitor do relato de viagem de Margery pode imaginar que tudo lhe podia acontecer. Primeiramente, ela acompanhou, submissa, a procissão composta pelos peregrinos, para seguir um grupo de monges através do labirinto do Santo Sepulcro. Com velas nas mãos, hinos e preces nos lábios, todos os passos da *via crucis* foram percorridos, e, assim que o cortejo chega ao local da crucifixão, eis o que acontece: Margery é tomada por uma visão mais intensa e clara que tudo o que, até então, se desenhara em seu espírito. Em meio à agitação geral, ela cai no chão, braços abertos, convulsionada por um poder invisível, emitindo gritos agudos e vendo diante de si Jesus moribundo, como no momento da crucifixão; e, observando suas chagas, ela percebe como o sangue escorre em abundância por seu corpo, de cima abaixo. Ela se torna, literalmente, uma testemunha ocular daquilo que constitui o cerne da mensagem do Evangelho.

Mas que espantoso poder faz vivenciar o passado de um homem como presença real, com tal rapidez, e tão de perto! Sem o uso de recursos técnicos, os quais eu, neste caso, incluiria num filme como *A Paixão de Cristo*, de Mel Gibson, Margery Kempe conseguiu sintonia com um acontecimento de um passado extremamente remoto. Não foi preciso mais do que uma centelha para transpor o vão entre o passado e a sua época. Pontos de peregrinação importantes como Jerusalém podem ser, portanto, lugares verdadeiramente emocionantes e comovedores: eles abrem para cada pessoa a possibilidade de tomar parte da História Sagrada, mesmo depois de muitos séculos. Não só para Margery – todos puderam, na manhã seguinte, sair do Santo Sepulcro com a sensação de serem testemunhas oculares da Paixão e de terem se tornado provas vivas da veracidade das ocorrências registradas no Evangelho.

Pode-se dizer que em Jerusalém realizaram-se as esperanças que Margery Kempe associara à sua peregrinação. Mas, por razões completamente diferentes, sua próxima etapa, em Roma, também resultará num sucesso fantástico.

De volta a Veneza, ela parte, rumo a Assis na companhia de um monge mendicante irlandês, sem ser molestada por mercenários ou bandidos – um verdadeiro milagre, em vista da situação caótica que imperava nas estradas italianas. Além disso, ela pode confiar na sorte. Em Assis ela conhece uma romana abastada, que a acolhe prontamente em seu grupo de cavaleiros e senhoras nobres, e a conduz até Roma em segurança. Lá, Margery se aloja na hospedaria para peregrinos ingleses – onde encontra seus antigos companheiros da viagem a Jerusalém. Pode-se imaginar o espanto deles. Em Roma, pelo menos, não há problema em sair da rota durante o dia, pois não há um programa rígido de visitações, cada um explora por conta própria as maravilhas da cidade.

Desnecessário dizer que Margery não tem olhos para as monumentais ruínas da Antiguidade pagã. Mas também não dá muita atenção ao fabuloso acervo de relíquias das igrejas romanas, que Harff descreve tão meticulosamente. Ela só tem uma coisa em mente: aproximar-se de Deus em Roma tanto quanto o pudera em Jerusalém. Então, ela não segue a rota de visitações, mas vai rezar em lugares silenciosos e passa horas estendida no chão de uma igreja. Uma vez lhe fora concedido ver a face de Jesus Cristo como uma projeção celestial na parede de uma igreja, mas experiências espirituais de tal grandeza, por enquanto, não se repetem – até surgirem comentários em seu albergue. É que lá se chegou à conclusão de que ela estaria possuída pelo diabo, e barram-lhe a passagem diante da porta. Com isto, ela entra numa aventura existencial que, para ela, é infinitamente mais significativa que todas as relíquias de Roma.

Não pode ela agora ser quase nivelada aos santos e mártires que encontramos em cada esquina desta cidade? Um quadro emocionante: Margery entra num permanente êxtase leve e, em consequência, passa a ter visões constantes. Em cada mulher que ela encontra nas ruas de Roma com uma criança nos braços ela vê a Mãe de Deus com o Menino Jesus, e cada homem bonito parece a ela ser a encarnação de Jesus Cristo. Durante as missas ela entra em intensa agitação, grita, geme, fica fora de si ao ver a hóstia – e assim chega a adquirir, aos poucos, um pequeno grupo de seguidores. É possível que sejam, principalmente, mulheres desvalidas, tipo Lozana, mas, afinal, aquela gente a tem como uma santa e passam a ajudá-la em diversas dificuldades.

Por ocasião da festa de Natal de 1414, Margery decide, por fim, levar a santidade radicalmente a sério, e distribui suas últimas moedas entre os mendigos de Roma. Agora nem suas seguidoras podem mais ajudá-la, são pobres demais para tal. Ela própria se vê forçada a mendigar, mas não se lamenta.

Ela se agacha à margem da rua, no bairro dos ricos, estende a mão – e não tarda a vivenciar o próximo milagre: sua amiga, a romana rica de Assis, passa por ali, a reconhece e convida-a a fazer as refeições com ela e outras damas da nobreza, aos domingos! Margery exulta: – Tinha que acontecer! Tudo o que experimenta, ela atribui à intervenção divina. E a cada dia sente-se mais firme nesta crença.

Foi tão bem aceita no ambiente daquelas senhoras, que até as convidadas de sua amiga a convidam para almoçar. É provável que ela seja vista naquele ambiente como pessoa sinceramente modesta e simpática, por estar condenada ao silêncio. Ninguém ali entenderia seu monólogo maçante em inglês, e Margery não falava italiano. De qualquer modo, ela passa a se alimentar, desde então, às custas da *high society* romana, e não só isso. Correm em Roma comentários sobre as suas novas protetoras ricas e, na hospedaria dos peregrinos ingleses, arrependem-se de tê-la escorraçado. Fazem com que ela saiba que pode voltar quando quiser, e chegam a lhe oferecer hospedagem gratuita, pois dinheiro ela não tem mais mesmo.

Com isto, seu triunfo está completo. Ela não só é reabilitada, como também venceu todos os adversários e adversidades – só pela confiança em Deus e sem ter que ceder ao senso comum! Ela ainda saboreia seu sucesso durante algumas semanas, e ainda acompanha as grandes procissões da Páscoa de 1415, de igreja em igreja – depois toma o caminho de volta. Então voltou sã e salva para a Inglaterra... Voltou mesmo? Parece que não.

Estendeu a viagem a Santiago de Compostela, Wilsnack e Aachen. E, pouco antes de sua morte, ditou suas memórias a um padre, pois ela própria não sabia ler nem escrever. Ao seu excelente relato devemos a história de alguém que quis realizar uma peregrinação exclusivamente para ter experiências espirituais plenas; à sua sinceridade deve-se atribuir o fato de sabermos das inconveniências que ela causava a todos. Margery

Kempe era impelida pela certeza de encontrar, e encontrou. Chegando ao destino de cada viagem, ela mergulha completamente no plano do divino, de certo modo suga até o fim a potência espiritual dos lugares sagrados e, assim, obtém várias experiências com Deus, que se somam em seu caminho de autoconhecimento e autorrealização. Com todas as suas esquisitices, é bem possível que ela represente o modelo medieval do peregrino sério, aquele que submete sua viagem aos preceitos da purificação e da salvação.

Vejamos agora Arnold von Harff. O contraste não poderia ser maior. Basta ver como ele descreve sua chegada em Roma: "Cheguei a Roma por volta da Quaresma, e lá encontrei um bom amigo [...] que me recebeu com honras em seu albergue e, com a ajuda de alguns cardeais e amigos locais, me mostrou tudo em detalhe". Aí se deduz: a coisa consiste em amostras e visitações, e ele inicia imediatamente o seu *tour* pelas igrejas de Roma, das quais já falei no capítulo 4. Tudo é arranjado da melhor maneira, tudo é cuidadosamente registrado, e em seu relato não fica o menor vestígio de emoção ou comoção. Com certeza, são interessantíssimos os recipientes com leite e sangue, os espinhos da coroa de espinhos, as cinzas de São Lourenço. Mas, em determinado momento, exausto de tanto contar a desmedida quantidade de relíquias, ele se volta, aliviado, para a vida na cidade.

Naturalmente, ele não tem olhos para as ruas sujas nas quais, oitenta anos antes, Margery Kempe recrutara seus seguidores. Harff não procura aventuras com Deus. O que ele quer é obter algo para transmitir, quer ter o que contar, e, em Roma, às vésperas da Páscoa, dá para imaginar quanta coisa acontece. No Coliseu, por exemplo, é apresentada, na Sexta-feira Santa, uma peça sobre a Paixão, interpretada por filhos e filhas de ilustres famílias romanas. E na Basílica de São Pedro pode-se ver pessoalmente o papa, quando, imitando Jesus Cristo, ele lava os pés de doze idosos pobres. Harff não pode perder nem um nem outro evento; ele fica fascinado com a encenação no Coliseu, e a lavagem de pés chega a impressioná-lo – pois um papa se ajoelhando diante de mendigos, lavando-lhes os pés e, por fim, até tocando cada pé com os lábios, isso, segundo Harff, "deve mesmo ser contemplado com humildade".

Por outro lado, Harff não tem ilusões quanto àquele papa. Trata-se do espanhol Alexandre VI, que a posteridade classificou como o protótipo do papa sem escrúpulos do período renascentista, e cuja fama, ainda em vida, já era lamentável. Harff flagrou justamente o momento em que os cidadãos de Roma bateram de frente com as tropas espanholas do papa. Sucedeu-se um acirrado confronto, e, antes que algum cardeal montado interviesse, antes que os espanhóis pudessem se entrincheirar no Castelo Santo Ângelo, alguns soldados foram mortos pela turba enfurecida. Ele aproveita este incidente como oportunidade para colocar uma meia dúzia de palavras sobre esse papa, sobre seus filhos, seus crimes, mas, no final, por zelo religioso, ele suspende a crítica. "[...] agora abandono este assunto", ele escreve, "como também deixo de lado muitas coisas indizíveis que vi em Roma, coisas contrárias à fé cristã". E, numa outra passagem, se lê: "[...] muito haveria a se escrever de coisas sobre as quais o povo cristão não deve saber".

Portanto, ao contrário do que ocorrera com Margery Kempe, Arnold von Harff sai da Cidade Eterna com diversos sentimentos mesclados. Por um lado, ele fica devidamente impressionado com os lugares santos; por outro lado, as condições de

Roma o decepcionam, talvez até o enojem, mas, de qualquer modo, no caso dele não se tratava só de sentimentos, porque ele não podia se permitir isto. Em seu caso, o fator crucial é que ele formou sua imagem pessoal de Roma e, assim, permitiu-se um ponto de vista baseado no que viu. Não que ele fosse indiferente – a falta de escrúpulos do papa e de sua camarilha também o tira do sério. Mas as relíquias de Roma, em sua totalidade, não o cativam de fato, e, afinal, ele não procura mesmo nenhum encontro íntimo com Deus. O olhar de Harff é firmemente voltado a este mundo físico. Nele, a profundidade do sentimento dá lugar à extensão dos interesses, assim ele tem suas verdadeiras sensações em lugares como Veneza e Cairo, as escalas de sua viagem até Jerusalém.

Em total contraste com Roma, Veneza vibra de eficiência e espírito empreendedor. Harff logo encontra pessoas influentes que o levam a passear pela cidade, e sua fascinação não tem fim. O que mais o fascina é o arsenal, um gigantesco complexo que, além do depósito de armas, inclui fábricas e estaleiros. Em cada setor, há centenas de pessoas ocupadas na produção de pólvora de artilharia, cordas, remos e velas de navio. Harff observa tudo com plena atenção, informa-se, reúne informações, interessa-se também por detalhes de menor importância, faz perguntas a um trabalhador que arrasta barris de vinho, e constata: "há uns dez serviçais como este, que não fazem outra coisa a não ser levar bebida, a qualquer momento, ao pessoal da produção, e imagine-se que devem ter trazido anualmente uns 1.000 ducados só em vinho..."

Os números também lhe dão trabalho. Seu relatório de viagem é todo cheio de estatísticas. Harff calcula constantemente o valor de armas, roupas, joias e mercadorias, conta os degraus das escadas, mede distâncias, avalia e calcula. Ele reúne isso que hoje nós chamamos de "dados". Há um abismo entre o mundo de Harff e o de uma Margery Kempe. Pode, enfim, alguém como ele se considerar um peregrino? Harff se vê como tal, mas, para todos os efeitos, ele é um novo tipo de peregrino, um peregrino com a curiosidade indomável de um viajante dedicado ao estudo e o olhar atento de um pesquisador. Um homem da Renascença que vivencia seu milagre em Veneza e cujas visões ocorrem nas áreas de produção do arsenal.

No caminho, ele compõe vocabulários, pequenas coleções das expressões e noções mais usuais em albanês, grego, árabe, hebraico, turco, e até em basco. O modo de pensar de um peregrino do seu gênero se faz visível na frase repetida em quase todas as línguas: "Mulher, posso dormir contigo?" Ele também demonstra interesses zoológicos. No parque do grão-mestre dos joanitas, em Rodes, ele conhece a avestruz, ave muito exótica, que choca os ovos só com seu olhar penetrante, conforme lhe disseram. Mais tarde, às margens do Nilo, ele vê crocodilos, e assim constata que, em Roma, haviam tentado lhe vender um couro escamoso de crocodilo como sendo de um dragão: "[...] no que acreditei, até descobrir que era trapaça". Em outras passagens, ele menciona, de um modo estranhamente neutro, o mercado de escravos de Alexandria, onde prisioneiros cristãos, homens, mulheres e crianças, são expostos à venda. Não se lê uma expressão de pesar, nenhuma expressão de sentimento sequer se insinua em sua descrição, e tem-se aí um indício da insensibilidade com a qual era assinalada essa riqueza de impressões e descobertas.

O ponto máximo de sua viagem parece que se deu no Cairo. Ali, no meio do mundo, vestido como comerciante veneziano ou mameluco, ele está no seu elemento. Que diferença das xenofobias que dominam um Aymeric Picaud em viagem à Espanha! Harff expõe-se no estrangeiro com satisfação, envolve-se em tudo e, entre outras coisas, disponibiliza um interessante pequeno relato sobre uma das muitas termas do Cairo, onde trabalham "ótimos serviçais, que acomodam a pessoa e massageiam-lhe os membros em toda extensão", razão pela qual naquelas terras as pessoas têm corpos mais aprumados e flexíveis do que em sua pátria alemã. Ele se transforma num etnólogo, chega a pesquisar um tratado surpreendentemente objetivo sobre o Islã, menciona a circuncisão feminina e a poligamia, e entrega-se a reflexões sobre a intimidade da vida amorosa das muçulmanas. Com certeza, seus maridos as mantêm na rédea curta, ele observa. Mas, como, em público, seus rostos são totalmente cobertos por negros véus, nem os próprios maridos têm como reconhecer suas esposas na rua, de modo que as mulheres muçulmanas podem tomar maiores liberdades que as cristãs.

Em determinado momento, ele tem que prosseguir viagem. Agregado a uma grande caravana mercante, em meio ao deserto, ele retoma o caminho de Jerusalém. Aí parece que ele realmente teve um impacto. Não que, ao chegar – ou em algum outro momento –, ele tenha caído em êxtase, mas seu relato demonstra uma certa emoção, quando ele menciona inúmeros lugares correspondentes a passagens bíblicas, a palavra do próprio Jesus, como se os Evangelhos se tornassem realmente vivos para ele. Com isto, ele volta a agir sistematicamente, esforça-se, como em Roma, por elaborar um registro quase completo dos locais interessantes – e, com a mesma indulgência, observa as curiosidades e improbabilidades. O crânio de Adão, o primeiro homem, foi mesmo encontrado sob o Gólgota? No Monte das Oliveiras podem ser vistas as pegadas que Jesus deixou no momento de sua ascensão aos Céus? Harff não questiona nada disso, não discute essas coisas. Desta vez ele refreia sua curiosidade e, na Igreja do Santo Sepulcro, permite-se consagrar "cavaleiro do Santo Sepulcro", evento no qual ele, excepcionalmente, comporta-se com toda solenidade.

Aquele clima não durou muito tempo. A visita ao Jordão – "águas nobres e turvas" – acabou se tornando, para ele e seus companheiros, um banho divertido. E o fato de, após seis voltas ao redor do Mar Morto, não encontrar o menor vestígio da coluna de sal na qual a mulher de Ló se transformara – ainda que a coluna constasse do programa –, motivou-lhe a irônica observação: "uma bela mentira enfeita bem uma narrativa". Mas, no todo, temos a impressão de que Jerusalém tocou-lhe o espírito. Percebe-se, em sua descrição, algo mais que aquele respeito piedoso que Roma lhe causara; no caso de Jerusalém ocorre, de fato, algo como sangue fluindo pelas veias. E o anel que ele esfregou em todos os pontos sagrados de Jerusalém, para, mais tarde, oferecê-lo de presente à sua senhora feudal, também demonstra claramente que Harff não se valeu da peregrinação como um mero pretexto para a aventura.

Prosseguindo a viagem, ele parte de Jerusalém e viaja por terra, via Turquia, rumo à Espanha, até Santiago de Compostela, onde, conforme já vimos, fica desapontado. Dois anos após sua partida, ele retorna à sua terra natal no Baixo Reno, aonde chega na Noite de São Martinho de 1498, e, organizando suas anotações, compõe seu relatório – um extenso trabalho, que espelha o caráter duplo de sua viagem: um manual para peregrinos e, ao mesmo tempo, uma história de aventuras. É provável que, em função disto, ele tenha sido, ao longo de muitos anos, uma leitura apreciada, principalmente entre os nobres.

Como se vê, no passado também ocorrem diferenças de entendimento quanto à peregrinação. Pode ser guiada por uma paixão devota, mas também pode ser impulsionada por uma curiosidade generalizada a respeito do mundo. Neste aspecto, Arnold von Harff deve ser muito mais próximo da nossa realidade que Margery Kempe, cuja inabalável certeza de encontrar o que procura, cuja audaciosa e direta confiança em Deus e cuja disposição para se deixar tocar, profunda e diretamente, na alma, sem a intervenção do filtro racional, são características que hoje causariam muita estranheza. Mas, na sua história, evidenciam-se claramente os conceitos básicos da peregrinação: obstinação, autoentrega, autossuficiência e, no final do caminho, o encontro com Deus.

Harff, por seu turno, não viaja com o coração ardente, e sim com os olhos atentos e um frio entendimento, razão pela qual o percurso tem, para ele, muito mais significado do que para Margery Kempe. E, naturalmente, os resultados de suas viagens também são totalmente distintos. Harff confirma suas críticas à Igreja, mas deve ter se sentido fortalecido na fé, independente do monumental teor de experiências que trouxe consigo. E Margery Kempe viveu sua aventura com Deus.

# 10

## "Tua vida tem um sentido! Serás um missionário!"

### *Meu ingresso no mosteiro*

Voltemos à atualidade. O que foi dito até aqui pode explicar por que as pessoas peregrinavam antigamente. Ao mesmo tempo, pode parecer um tanto enigmático o fato de pessoas peregrinarem ainda hoje. Milagres, relíquias, santos – para o pensamento racional, tudo isso é arquivo morto, mas, ainda assim, se peregrina. Incrível. Quanto à hipótese de uma peregrinação ser, mais exatamente, uma dispendiosa atividade de lazer, é preciso um esclarecimento mais profundo. Será que há forças adormecidas despertando? Forças que um dia se quebraram? Forças que, não obstante, são necessárias para que sejamos senhores de nossas vidas? Seria possível transferir para a nossa vida as ideias que alicerçam o conceito de peregrinação? Em outras palavras: pode-se entender a própria vida como uma forma especial de peregrinação?

Pelo menos no que se refere à vida dos monges, é assim que eu vejo, pois em suas vidas evidenciam-se todos os elementos de uma peregrinação: a retirada do contexto comum, a partida, o trajeto, com as dificuldades e a intrepidez inerentes, a persistência e a ousadia, ou seja, todos os requisitos concernentes, bem como a meta a que se destina o caminho. Se, em termos básicos, cada um pode naturalmente observar sua trajetória de vida na forma de uma peregrinação, na vida de um monge a peregrinação é um elemento nítido. Eu mesmo, por exemplo, desde muito cedo, muito antes de ingressar no mosteiro, já tinha meu objetivo bem definido.

A esse respeito, vem-me à mente um episódio relacionado à minha peregrinação de ônibus pela França e norte da Espanha. No Mosteiro de Sankt Ottillien, o irmão Dionys e eu estávamos em vias de proferir nossos votos eternos, nosso compromisso para toda a vida, e me pareceu um pequeno milagre o fato de o nosso abade ter autorizado a viagem. Pois devíamos ter em mente que, um dia após regressar, começariam os exercícios preparatórios para os votos, e uma viagem como aquela poderia nos trazer pensamentos totalmente diferentes. Não deveria o abade pressupor que, no último momento, ainda pudéssemos mudar de ideia? Mais tarde, ouvi dizer que ele havia dito a um confrade: "Se eu não estivesse tão seguro quanto a esses dois, jamais os teria deixado ir..." E ele estava certo. De fato, eu tinha meu objetivo de vida firmemente definido há anos. Eu nem sonharia em desistir.

A certeza do objetivo já existia no início do meu caminho, e foi crucial para toda a minha vida. Como faz um peregrino, eu voltei meus passos para aquele objetivo, e só assim posso considerar minha vida significativa o bastante para que dela se conte algo. Portanto, o presente capítulo é, de certo modo, o meu relatório pessoal de viagem – ou, em outras palavras, uma retrospectiva da minha vida de monge, que, a meu ver, funciona exatamente como uma longa peregrinação.

Como toda peregrinação, minha história também começa com a decisão de sair do mundo familiar. Meu elemento motivador foi um livreto, um número das *Missões Católicas*. Eu estava com 14 anos, quando, vasculhando o sótão, dei de cara com a publicação, que continha a biografia de Pierre Chanel, missionário nos mares do sul. Fiquei ligado. Levei o achado para o meu quarto – e o que li me cativou.

Embora de compleição frágil, Chanel foi um daqueles missionários destemidos e firmes na fé que viveram no século XIX. Estabeleceu-se em Futuna, uma ilha do Pacífico, para pregar a Palavra de Deus, mas encontrou resistência. O chefe local só o autorizou a cuidar de doentes e assistir os moribundos; e não demorou muito para que Chanel fosse morto. Mesmo assim, sua história não termina aí, pois, algum tempo mais tarde, alguns confrades foram à sua procura. Entraram na ilha sem saber de nada, e aí vem a parte que mais me impressionou: "Eles não só foram bem recebidos, como também os nativos quiseram ser batizados, porque, quando o missionário morreu, ficou claro para eles o que haviam obtido com a mensagem daquele homem. Portanto, a semente germinara sem intervenção alguma daquele que a semeara". A ideia me tocou a fundo. Coloquei o livreto de lado e senti o apelo: Jesus precisa de ti! Tua vida tem um sentido! Uma missão te aguarda! Serás um missionário! Não precisas ter em mente o sucesso, isso cabe a Deus, que te dará êxito quando for o momento. Esta inspiração me livrou para sempre da obrigatoriedade do sucesso.

Durante uma semana, toda noite eu relia aquela biografia, secretamente, no leito, e depois escondia o livreto debaixo do colchão, para que minha mãe não o achasse. Ela não deveria suspeitar nem de longe, não deveria saber o que se passava comigo, não deveria afligir-se, antes que eu mesmo estivesse absolutamente decidido. Naquela semana, me despedi mentalmente da casa paterna. Não foi nada fácil. Fiquei lutando comigo mesmo, pois, naquela época, no meio da década de 1950, ainda se partia daquele princípio: se você se torna um missionário, é capaz de não voltar nunca mais. Tem que estar preparado para sacrificar a vida. Naturalmente, atraía-me a visão de novas terras, lugares distantes. Mas a ideia de deixar tudo pra trás, e, quem sabe, despedir-me dos meus pais para sempre, isso me incomodava. Eu queria mesmo aquilo? Estava certo de minha capacidade para tal?

E havia mais um fator, igualmente difícil. Há bastante tempo que a igreja de minha terra, Allgau, me considerava seu membro definitivo, lá eu era conhecido como coroinha, de modo que as senhoras devotas da região não tinham dúvida: "Esse menino tem que se tornar padre". Mas eu não conseguia gostar dessa hipótese – meu desejo sempre fora constituir uma família. E teria que dar adeus também a este sonho. Em vista de todas essas coisas, minha decisão exigiu-me uma grande superação. Porém, após aquela semana, eu estava absolutamente convicto: vou ser missionário. Um missionário como Pierre Chanel. Agora não dava mais pra esperar. Fui falar com a minha mãe.

Pois bem, para minha surpresa, e para meu alívio, ela compreendeu. E também teve êxito ao informar a meu pai sobre a decisão súbita do filho. Os dois estavam de acordo: – Você deve ir falar com o pároco. Assim eu fiz, e assim encerrou-se a questão. "Conhecendo você como conheço, seu lugar é Sankt Ottilien", opinou o pároco. "Sabe de uma coisa? Na próxima semana, vão celebrar lá a Festa de São Bento; vamos juntos até lá. E, se você gostar, pode mudar de escola de uma vez."

Dito e feito. Ainda me lembro do padre e eu esperando na sacristia, quando entrou um monge grandalhão, o prior Paulus. Anos mais tarde, quando fui arquiabade de Sankt Ottilien, Paulus ainda me serviu como prior por 13 anos – um homem especial, impecável, aberto e amigo paternal, uma pessoa inesquecível. Mas, naquele momento, ele me recebeu secamente, enquanto, à guisa de saudação, deixou cair sua mão pesada sobre meu ombro franzino. No estado de graça em que me encontrava, interpretei sua pancada como uma espécie de consagração cavalariana para futuros monges. No decorrer do dia acompanhei meu pároco. No almoço, permiti-me degustar o *schnitzel*, bebi ainda quatro copos de *moste*; na volta daquele primeiro encontro com Sankt Ottilien, eu vinha devaneando: "lá se come bem, bebe-se bem, lá é o meu lugar!" Nessa altura, meu pároco já não tinha tanta certeza quanto à minha vocação.

Mesmo assim, ele foi adiante. Deve-se malhar o ferro enquanto está quente, ele deve ter pensado. Enfim, 14 dias depois eu era um interno. Ou seja, tinha meu lugar no dormitório, no refeitório e na sala de aula do seminário da missão de Sankt Ottilien, como, na época, era chamado o ginásio humanístico do mosteiro. E foi para mim a mais sublime das sensações. Eu tivera uma tremenda sorte... Saíra de casa! Adeus à supervisão materna, que me adulava de todos os modos! Finalmente entre os meus – e no melhor dos caminhos, aquele que me tornaria um missionário! Essa guinada me pareceu bem mais fácil do que eu pensara, ainda que tenha havido alguns aspectos difíceis.

Principalmente com os professores da minha antiga escola em Memmingen. Com eles eu tive que travar verdadeiras lutas. Eu? Querendo ir pro mosteiro? Eles não conseguiam entender. Que trabalho aquilo me deu! Como eu me comprometera a permanecer em Memmingen, pelo menos até os exames finais, o seminário não havia de ser nada para mim, eu devia ser sensato o bastante para distinguir os caminhos pelos quais eu nada seria... Mas eu não queria *ser* coisa alguma, eu queria *fazer* alguma coisa. O compromisso com Cristo era para mim tão valioso que eu estava disposto a renunciar a tudo o mais. Em função disto, continuei provocando, por algum tempo, expressões de reprovação. Certa vez, quando noviço, baixei no hospital; um jovem médico sentou-se ao lado do meu leito, e disse: "Você quer ser monge? Não pode ser verdade. Alguém meteu isso na sua cabeça!" Ele não conseguia entender. "E o senhor?" Respondi eu. "O senhor está querendo me meter na cabeça outra coisa, não é?"

Eu mantive a minha decisão, fiquei firme. E a vida no internato de Sankt Ottilien já significava para mim uma real ruptura com aquela que eu levava antes, pois eu nem ia mais pra casa todo fim de semana. Meus pais passaram a me ver só no Natal, na Páscoa e nas férias de verão. Não me arrependi. Cada dia em Sankt Ottilien era um passo que eu dava rumo à meta. E, depois dos exames, estava na hora da próxima grande decisão: devo dar prosseguimento ao caminho iniciado? Devo me tornar monge? Monge do Mosteiro de Sankt Ottilien?

No fundo, eu não tinha dúvida alguma. Se, com meu primeiro passo, eu tanto obtivera de liberdade interior, com o próximo obteria ainda mais. No verão de 1961, eu tinha a impressão intensa da mudança definitiva, tão seguro eu estava, mas me parecia uma façanha tomar um rumo que tanto me afastaria da vida das outras pessoas. Nesse estado de espírito, empreendi, com meu amigo, a peregrinação à França, a Ars e La Salette, da qual já falamos. Durante aqueles dias, eu poderia, pela última vez, fazer o que bem quisesse, agir por conta própria.

De volta a casa, agora era a hora das despedidas. Fiz minha ronda através da vila e disse adeus a amigos e conhecidos. No dia da minha partida, minha mãe preparou uma lauta refeição de despedida, coisa de nababo, só tinha do bom e do melhor. Mais uma vez nos sentávamos juntos à mesa, meu pai, minha mãe, minha irmã de oito anos e eu – depois alguém me levou até a estação ferroviária. Lá fiquei eu, com minhas duas malas, no mais alto astral, esperando o trem que me levaria a Sankt Ottilien. Foi realmente uma ruptura. A ruptura rumo a uma vida nova, como aquela de Abraão, milênios antes, assim me parecia. Deixaste para sempre a casa de teu pai, e agora para ti só existe *um* objetivo: o mosteiro, a comunidade dos irmãos e a expectativa de servir a Deus como missionário. Fiquei possuído pelo significado daquele momento.

Na foto de despedida eu apareço de terno preto, camisa branca e uma gravata clara, e não é de estranhar que, nas semanas anteriores, minha mãe tenha, mais uma vez, me entupido de comida. Para ela, a minha partida significava uma grande perda – eu jamais ganharia dinheiro, não poderia, portanto, apoiar meus pais na velhice. Mas eles não estavam aborrecidos. As palavras que pronunciaram na saída ainda ecoam: "Se algum dia você deixar de se sentir bem no mosteiro, pode voltar a qualquer momento. A porta de casa estará sempre aberta". Fiquei agradecido. Assim, pude seguir viagem de coração leve.

Poucas horas depois, desembarquei na estação de Sankt Ottilien e, ao me aproximar, arrastando as malas, da localidade afastada onde ficava o mosteiro, senti aquela alegria que a gente tem quando chega em casa. Minha nova família me aguardava, incluindo algumas caras conhecidas, pois, dos treze noviços daquele ano letivo, encontrei onze antigos colegas de classe. Quase toda turma ingressara no mosteiro! Hoje ninguém mais pensa assim, mas, naquele tempo, para nós, estudantes de Sankt Ottilien, era como uma indecência, uma fraqueza de caráter, alguém não se tornar monge depois de estudar naquele lugar tão especial.

Para nós, noviços, o rompimento com nossas antigas vidas era agora sacramentado com um ato simbólico: cada um renunciava ao seu antigo nome e adotava um novo. Eu optei por Notker, de Notker "o Gago", o primeiro poeta da língua alemã. Esse Notker viveu e compôs hinos em Sankt Gallen, no século XI; um louvador de Deus, portanto; e foi justamente por isso que o tomei como modelo. O louvor para mim é, até hoje, a melhor expressão da minha fé – talvez porque, no louvor, esta fé atinja, sobretudo, o plano da alegria e da gratidão –, o que já ocorria comigo naquela época. Com o nome, mudava também a nossa aparência: pela primeira vez, eu usava o hábito escuro e o escapulário, a capa dos monges beneditinos. Era uma adaptação. Mas, em pouco tempo, eu não me sentia mais tão estranho dentro daquela roupa folgada, já que, depois de me tornar noviço, não vesti outra coisa ao longo do ano.

Assim, após a ruptura interna, de seis anos antes, seguiu-se a externa e conclusiva e, como daquela vez, eu estava seguro de ter feito a coisa certa. A saída definitiva da casa paterna, o desligamento do mundo comum e o ingresso num mundo totalmente diferente, o mundo de um mosteiro beneditino. Tudo isso ainda me custaria, com certeza, alguma luta e esforço internos. Mas, com minhas leituras noturnas, entendi que o objetivo compensa todo o esforço do caminho.

Toda aquela autoconfiança devia-se, também, à certeza animadora que me dera a biografia de Pierre Chanel: o esforço é compensado por si só, ainda que nunca se atinja o objetivo, porque Deus concede o êxito mesmo que este não seja vivenciado. Portanto, eu não precisava correr atrás do êxito! Eu podia cometer erros, podia até fracassar, e, ainda assim, não tinha que duvidar do sentido do meu trabalho. O compromisso com Deus vale todo esforço em qualquer circunstância. A percepção disto me deu asas e, mais tarde, me proporcionou uma imensa liberdade no meu trabalho.

Durante o noviciado, aprendi assim a me conter, o que, conforme nos disse o prior Paulus, era a coisa mais difícil. Naquela fase, eu vivi como um peregrino que, ao longo de dias e semanas, caminha solitário, ocupado apenas com seus pensamentos e lembranças. É o processo de esclarecimento necessário, pois, independente do quanto estejamos convencidos da nossa vocação para a vida monástica, só quando nos livramos de nossos medos, dúvidas e inseguranças é que obtemos uma imagem real de nós mesmos. Só então somos fortes o bastante para a vida numa comunidade monástica. Aquele que se apega a ilusões e supervaloriza as próprias capacidades, que se deixa levar por motivos inconfessáveis, ou não se dispõe a afastar-se dos valores superficiais de sua época, está fadado a fracassar como monge.

A ideia de que se possa conseguir um desligamento absoluto do mundo é uma das ilusões nas quais incidem alguns internos novatos. É falta de realismo. As tentações do mundo exterior acompanham a gente pela vida afora. "Nosso ventre está colado ao solo", é dito num salmo – monges também devem se lembrar sempre disto. Sempre é grande o perigo da recaída. Isso vale tanto para nós quanto para os israelitas que perambulavam pelo deserto: muitas vezes queremos dar meia-volta e ceder à opulência egípcia, muitas vezes preferimos suportar o cativeiro, a seguir novos caminhos e ir à luta por novos objetivos. Nunca suprimimos completamente a tendência a manter antigos hábitos, nunca vencemos totalmente o medo dos novos horizontes.

Por fim, é bom saber que nem mesmo São Bento, o fundador da nossa ordem, exige rupturas radicais. São Bento é um determinado, mas não um radical. Já é uma grande coisa quando alguém aprende no mosteiro a vencer orgulho, vaidade e narcisismo, a renunciar às ambições e ser modesto nas reivindicações, pois é este o caminho pelo qual se alcança a liberdade interior. Um monge deve, portanto, ter consciência de si mesmo, se quer viver no mosteiro. E eu estava prestes a passar por tal experiência.

Logo após meu ingresso no mosteiro, o abade me considerou muito fraco para as missões no exterior. Com aquela compleição física, eu não preenchia os requisitos para o trabalho na África ou na Ásia – mas o ginásio estava precisando de professores, professores para preparar missionários. Com isto, meu sonho desmoronava. No mínimo, era certo que eu jamais veria o resultado de meu trabalho diretamente, com meus próprios olhos. Bom, pode ser que o abade tivesse razão, talvez a vida de missionário fosse demais para as minhas forças. Então me resignei a operar nos bastidores, começando por estudar em Roma, depois em Munique, para, mais tarde, lecionar na Escola Superior dos Beneditinos em Roma, e teria permanecido como professor pelo resto da vida, se os confrades não me tivessem escolhido, em 1977, para ser arquiabade de Sankt Ottilien e, por conseguinte, responsável geral pela atividade missionária de todos os nossos mosteiros.

Desde então, nunca mais precisei desfazer a mala, pois naquele dia começava para mim uma vida que tomava, cada vez mais, a forma de uma longa viagem de missionário. A partida tornou-se para mim uma rotina. Não sobrava mais tempo algum para peregrinações como aquelas que eu realizara na juventude – mesmo assim, eu nunca tive que renunciar às experiências comunitárias, que contam entre as mais belas vivências de todo peregrino, aqueles encontros com viajantes desconhecidos, que devem ser tidos como gente nossa, pois se dirigem ao mesmo objetivo. Eu gostaria de contar a respeito de uma experiência assim, antes de voltar ao assunto do meu trabalho como arquiabade de Sankt Ottilien.

Em fevereiro de 2007, voei para Vijayawada, no leste do subcontinente indiano, para uma reunião com a cúpula da ordem para todos os mosteiros beneditinos da Índia e Sri Lanka. Gostamos de aproveitar encontros assim como ensejo para excursões em grupo, no intuito de observar as culturas ancestrais dos monges dos nossos mosteiros fora da Europa. Naquela ocasião não precisamos ir muito longe, porque, no alto de uma colina, situada na entrada sul de Vijayawada, ergue-se um grande templo hindu, ou melhor, um agrupamento religioso, com uma edificação dourada e artisticamente trabalhada no centro. E na saída norte da cidade ergue-se, numa encosta íngreme, um santuário católico consagrado à Virgem de Lourdes. Ambos os lugares são pontos de peregrinação preferenciais – surpreendentemente, a imagem de Maria atrai, na mesma proporção, católicos, hindus e muçulmanos. E, justamente naquele dia, mais ou menos um milhão de peregrinos iam visitar os dois locais. E nos juntamos a eles.

Primeiramente, nos dirigimos ao santuário hindu, no lado sul. Como todos fazem ali, tiramos nossos sapatos e seguimos descalços pelo caminho que levava a cada um dos templos. Ficamos profundamente impressionados com a beleza arquitetônica ao nosso redor – todos os templos eram construídos com mármores de diversas cores. O que mais nos tocou, porém, foi a atitude devocional que todos os peregrinos demonstravam naquele lugar e naquele dia. Continuando o passeio, o motorista do nosso ônibus literalmente colocou o veículo no meio da imensa multidão que congestionava a via de ligação entre os dois santuários. Por fim, chegamos à montanha de Maria, no lado norte. Lá nada perdia para o santuário hindu. Só o esplendor colorido dos trajes já me deixou embasbacado. As mulheres vestiam *saris* da mais fina seda, nas cores laranja, violeta, vermelho e azul, com bordados de ouro. Os homens usavam um *doti* ocre nos quadris e um outro pano sobre os ombros. Eles suspendiam os *dotis*, para poderem se movimentar à vontade.

Nós entramos no fluxo dos peregrinos. O caminho era íngreme e a subida foi cansativa. Fizemos uma parada numa igreja no meio do caminho. Eu precisava descansar. Separei-me do grupo para ir rezar sozinho e em silêncio ao pé do altar-mor, e eis o que ocorreu: um homem se aproximou de mim e pediu-me a bênção. Um cristão? Um hindu? Um muçulmano? Eu não sabia, nem precisava saber. Não importava. Eu lhe estendi a mão, rezei por ele – e, naquele momento, fui cercado por homens, mulheres e crianças, que também me pediram a bênção. E continuaram vindo, alguns me estendiam seus bebês. Mas por quê?, eu me perguntava. Por que motivo aquelas pessoas se dirigiram justamente a mim. Em trajes de leigo, eu não poderia ser reconhecido nem como beneditino nem como padre. Mesmo assim eu ia abençoando e cada vez mais gente se aproximava.

Aquilo me fez lembrar uma situação parecida, que me ocorrera precisamente 18 anos antes. Na ocasião, eu visitava uma paróquia católica na China, poucas semanas após o massacre da Praça Tiananmen (da Paz Celestial). Dois mil fiéis lá chegaram, e cada um deles quis que eu o abençoasse. Não, eu não queria negar-lhes tal desejo, mas, em dado momento, meus braços ficaram paralisados e, ainda por cima, fui tomado de dúvidas. Aquele atendimento em massa tinha mesmo a ver com uma bênção cristã? Será que eu não estava praticando um ritual de magia? Eu não sabia ao certo. Mas uma freira me exortou a prosseguir. “Dê a bênção a eles”, ela disse. “Estas pessoas nunca tiveram nada”.Assim continuei abençoando, até o último dos dois mil. E dava pra ver a gratidão deles. Alguém viera de longe para fortalecer sua esperança de que Deus está por perto nos momentos difíceis, e isso os confortava.

E quanto àquela igreja na Índia? Não tive um só momento de descanso. Num certo momento, os irmãos sinalizaram, dando a entender que estava na hora de prosseguirmos. Eu me desvencilhei e pus-me a caminho, mergulhado em pensamentos: o que levava aquelas pessoas a pedir a bênção a mim, um europeu com um ponto vermelho na testa, como todo mundo à volta?

No alto da montanha ficava uma imagem da santa, colocada 50 anos antes por missionários franciscanos. Lá em cima, ocorria um procedimento semelhante ao do templo hindu e, curiosamente, as pessoas efetuavam diante da santa um ritual parecido com o do templo: abriam cocos com uma faca e banhavam os pés da imagem com leite de coco. Era o mesmo ritual de expressão devocional, só que, neste caso, não voltado às deidades hindus, mas à Virgem Maria. Provavelmente ela corporificava, para todos ali, e acima de qualquer barreira religiosa, o amor de Deus pelas pessoas. Evidentemente ela gozava, por isso mesmo, da confiança de todos.

No caminho de volta, passamos diversas vezes por lugares onde alguns rapazes raspavam a cabeça. Seus belos cabelos negros caíam ao chão em tufos densos. Fiquei sabendo que eram estudantes em vias de prestar exames. Mais um ritual. Eles ofereciam seu cabelo em sinal de sua entrega a Deus, e na esperança de, com sua ajuda, passar nos exames. Um após o outro, as cabeças eram totalmente raspadas, o que me fez lembrar de um costume semelhante que havia em Israel, no tempo de Jesus Cristo. Os judeus também veneravam a Deus deixando que lhes raspassem os cabelos. Inclusive São Paulo passou por esse procedimento, de modo a pôr sua fé à prova. A sinceridade devota daqueles jovens me irritou, mas não quero julgar o sentido, ou falta de sentido, desse ritual. Nós europeus somos gente do cérebro, os indianos são gente do coração e da alma.

Lá embaixo nos aguardavam as clássicas imagens expostas à venda, onde se comprava o *kitsch* religioso, pequenas imagens de santos, miniaturas de Maria, artigos religiosos, conforme são oferecidos em todos os pontos de peregrinação deste planeta. Embarcamos no nosso ônibus e voltamos ao mosteiro. Naquela noite não lutei só com mosquitos e aranhas gigantes, mas também comigo mesmo. O que poderia eu, como cristão – e missionário –, absorver da religiosidade indiana? Como era possível as pessoas levarem a religião tão a sério e, ao mesmo tempo, ignorarem tão tranquilamente as diferenças entre as religiões? Na Índia, a bênção de um cristão era, para muçulmanos e hindus, nitidamente tão válida quanto a de um sacerdote de seus próprios credos. Passavam-me pela cabeça todas aquelas pessoas a quem esta bênção fora concedida. Rezei por todos eles mais uma vez e peguei no sono, agradecido por aquele dia.

Experiências deste tipo desencadeiam transformações interiores. Fazem parte do processo, são necessárias, se queremos alcançar um entendimento abrangente da fé. Durante o voo de regresso à Europa, tive tempo para refletir sobre a unidade das religiões. Alguns acham que esta unidade existe sob o véu da mística. Mas também pode ser que ela se encontre na entrega do homem a Deus.

# 11

## "Por favor, venha!"

### *Um arquiabade a caminho por estepes e montanhas*

Certa vez alguém me disse: "Notker, você parece aqueles abades medievais, que aprisionavam seus monges e partiam, eles próprios, em viagem". Eu ri. A verdade é que ninguém mais fica preso hoje em dia, mas, realmente, eu viajo muito. Assim já ocorria quando eu era arquiabade em Sankt Ottilien, e agora, como abade primaz, eu quase passo mais tempo no ar do que no chão. Frequentemente constam da minha agenda encontros e congressos ao redor do globo, associados ao trabalho em Santo Anselmo ou à situação da nossa ordem em alguma parte do mundo. Sou continuamente requisitado em alguns mosteiros, quando as coisas esquentam por lá, ou se precisam do meu parecer num assunto de maior abrangência.

Assim eu faço a ronda e agilizo muita coisa, mas... Foi isso que eu sonhei aos vinte anos? Isto que eu faço hoje é trabalho de missionário? Alcancei meu objetivo?

Decididamente, meu objetivo nunca foi este, jamais desejei ser arquiabade ou abade primaz. Para aquilo que eu gostaria de fazer não seria necessária uma carreira dentro de um mosteiro. Por isso mesmo nunca dei muita importância. Talvez seja este o motivo pelo qual a tarefa me tenha sido destinada. Mas também é verdade que com este trabalho eu encontrei a realização, e acabou se tornando o objetivo da minha vida, porque, sem dúvida, tem muito a ver com atividade missionária, mesmo que seja algo completamente diferente do trabalho missionário de um Padre Chanel. O que entendemos hoje por *missão* é diferente do que significava para ele. Aquela forma de pregação enfática, pronunciada com a Bíblia na mão, no intuito de ganhar almas para o Reino dos Céus longe da civilização, isso não existe mais. Quando estudantes, ainda tínhamos aquela ideia de "abrir os olhos dos pagãos", mas, já naquela época, recebemos ensinamentos mais esclarecidos.

Nosso professor de latim era um padre que, quando missionário, ficou preso por algum tempo num presídio norte-coreano por divergências religiosas, e justamente aquele homem representava o conceito de que não se deve atacar o que outros povos consideram sagrado. Ficávamos perplexos. Eis ali, fazendo-se advogado de culturas não cristãs, uma pessoa que sofrera longos anos nas mãos dos comunistas! E a cultura que ele mais estimava era justamente a coreana! Como poderia pregar assim?

Hoje não se questiona mais isso. Aprendemos a conhecer e respeitar outras culturas, e nos esforçamos, em conjunto com os fiéis de todas as religiões, pela unidade da família humana e para promover a paz no mundo. Ainda assim, a atividade missionária é possível, desde que não gere sentimentos de restrição. A tarefa mais imediata de um missionário consiste em persuadir pelo exemplo, ou seja, viver visivelmente a mensagem cristã. Neste sentido, nossos mosteiros na África, Ásia e América Latina promovem obras de melhoramento. Instalam-se poços e barragens, fundam-se escolas, constroem-se hospitais, estabelecem-se oficinas de aprendizado, e assim desenvolve-se um mosteiro como centro cultural e econômico de uma circunscrição ou região. As pessoas beneficiadas por tais empreendimentos têm diante de si o exemplo dos monges, porque o nosso pessoal não vem só pra dar uma força e logo depois ir embora, mas lá permanece e participa da vida local.

Só se formos dignos de crédito é que podemos fazer os outros crerem na veracidade da nossa fé. E funciona. Inclusive na inauguração do nosso hospital na Coreia do Norte, os funcionários comunistas e representantes governamentais me deixaram que lhes explicasse de que modo nossa atuação junto ao povo se relacionava à nossa crença. Minha experiência é que, tão logo se evidencia a mensagem do nosso trabalho, ninguém mais fala em doutrinação. Portanto, na missão, nós não assumimos mais aquele compromisso heroico do lutador solitário, como fez Pierre Chanel, e sim o poder de difusão dos nossos mosteiros e o compromisso com nossos irmãos e irmãs, no espírito da caridade cristã.

Como arquiabade em Sankt Ottilien, tornei-me responsável por todos os mosteiros fundados, desde o início do século XX, por meus confrades, principalmente no leste da Ásia e da África. Mas também me consultam quando surge a ideia de fundar um novo mosteiro. Quando isso ocorre, eu sempre sei que tenho pela frente um período de tensão, pois toda fundação é uma aventura, todas são testes da nossa engenhosidade e ousadia. Onde conseguir dinheiro? Há, nos mosteiros europeus, monges e freiras em condições de assumir os trabalhos de construção e, ao menos temporariamente, viver nas mais primitivas condições? Haverá, entre os nativos, quem se candidate à vida monástica? Portanto, minha vida como arquiabade também foi feita de muitas viagens, uma das quais vou contar.

O ano era 1981. Eu e um confrade, o Padre Félix, voamos para a Coreia do Sul, numa visita de rotina ao nosso mosteiro de lá. Durante uma escala em Tóquio, fui solicitado a alterar a rota, por meio de duas cartas de Digos, uma cidade das Filipinas, uma da madre superiora de uma comunidade de beneditinas locais, outra do bispo da cidade, e ambas me convocavam a fundar um mosteiro em Digos. Em sua carta, o bispo explicava que dirigia uma diocese de jovens padres e freiras, e precisava com urgência de um centro religioso, um lugar para os fortes impulsos espirituais; ele temia que o fervor da fé se retraísse. E a madre superiora dava a entender que as irmãs deviam aprofundar-se na formação beneditina, para o que um mosteiro seria indispensável.

Pelo que parecia, a questão era urgente.

Na Coreia, reservamos um voo para Manila, a capital das Filipinas. Naquela altura, eu não via chance alguma para um novo mosteiro lá. No meu diário se lê, abaixo daquela data: “não vai dar em nada, simplesmente porque não temos pessoal para isso – por mais necessária que me pareça esta fundação”. Mesmo assim, voamos para lá, conforme queria o bispo, de modo a demonstrar, a ele e às irmãs, a nossa boa vontade. Em Manila embarcamos num avião que nos levou à Ilha de Mindanau. Em Digos, fomos recebidos pelo bispo, que nos convenceu a dar uma volta pela região, onde consideramos pessoalmente algumas possíveis localizações para o mosteiro. Talvez ali, naquela encosta? Ou ali, à margem do palmeiral? Eu era arquiabade já há três anos, mas ainda não tinha realizado uma fundação. Positivamente, eu não me via no papel de um pioneiro, mas, por assim dizer, meu espírito formigava por encarar a experiência de erguer ali um novo mosteiro. Mas de que jeito? Com quem? Continuei cético.

Mas o bispo fazia pé firme e a madre superiora pressionava. Dois meses depois, apresentei o projeto ao grêmio da minha congregação, encarregado desses assuntos, e foi aprovado. Todos constatamos o resultado da votação, em seguida nos entreolhamos: e agora, quem cuida disso? Quem vai lá? Aí eu tentei a sorte. Falei com o Padre Félix, que estivera na África. Falei com o Abade Odo, que fora abade na Coreia e que, na ocasião, era superior em Tóquio. Falei com o Padre Edgar, mestre de noviços da Abadia de Münsterschwarzach. Eu disse a eles: "É preciso ir lá, onde as pessoas mais necessitam de nós. A situação política nas Filipinas é instável, mas, por isso mesmo, a nossa presença lá é importante. Justamente quando a perseguição ameaça é que não podemos desamparar as pessoas". E, com efeito, os três puseram-se a caminho.

Começaram por baixo, com uma simples cabana de madeira, onde partilharam a moradia com mosquitos e outros insetos. Aprenderam o idioma, fizeram preparativos para a construção do mosteiro. Compraram nova terra e plantaram árvores, tecas e palmeiras, com pés de café e bananeiras no meio. Uma construção levou a outra e, gradualmente, o mosteiro foi tomando forma, com igreja, setor de exercícios, alojamentos de hóspedes, refeitório, biblioteca e cozinha. Em dado momento eu mesmo fui até lá, e custei crer no que vi: eu nunca julgara possível o que aqueles três realizaram, com o auxílio de dois irmãos coreanos.

O que mais me impressionou foi o Padre Félix. Com 62 anos, mais uma vez numa terra totalmente estranha, dominando mais um idioma, convivendo com uma mentalidade desconhecida e assumindo consideráveis privações, tudo por vontade própria – essas coisas a gente só faz quando tem à frente um objetivo. E os esforços compensaram. Celebramos recentemente o 25º jubileu anual. No mosteiro de Digos vivem aproximadamente uns trinta monges, que impulsionam a economia regional e produzem queijos, leite e mel. Cultiva-se manga e mamão nos pomares. Há um pequeno ambulatório, onde são diariamente medicados 200 enfermos. E os exercícios que, praticados regularmente, transmitem a espiritualidade beneditina a padres, congregados e crianças da escola, tornaram-se uma fonte de energia para toda a região.

Eu não planejei o empreendimento de Digos. Nunca planejei empreendimento algum. Tudo sempre corre dentro do padrão usual: eu sou solicitado, sou chamado, faço reconhecimento do lugar e das localidades e tiro as conclusões. Jamais me sentei à escrivaninha para me perguntar o que poderei realizar no futuro, mas sempre agarro as oportunidades e vou à luta quando dizem: "Por favor, venha!" O objetivo a que me refiro não deve, portanto, ser confundido com um plano concreto. Meu objetivo foi e é, mais precisamente, uma visão geral. A vida de um professor na Escola Superior em Roma também funcionaria assim. De qualquer modo, quem serve a Deus está sujeito a surpresas, que acompanham as aventuras. E uma aventura assim foi, no meu caso, a fundação de um mosteiro genuinamente africano no Togo.

Na verdade, o mosteiro já existia, embora eu não soubesse. Até que, em 1988, na reunião dos superiores alemães em

Würzburg, um auxiliador de desenvolvimento me contou uma história peculiar. Havia no Togo – por assim dizer, no meio do mato – uma pequena comunidade africana de monges, disse ele. Um rude empreendimento, realizado por um jovem togolês rebelde chamado Frère Boniface. E esse Frère Boniface desejava me contatar.

Escutei com atenção, me aprofundei no assunto e constatei: a princípio, Boniface ingressara num mosteiro dirigido por beneditinos franceses, mas não tardou a sentir-se mal com o regime do lugar. O mosteiro se isolava do mundo exterior africano; os monges mantinham-se entre si e evitavam qualquer influência local. O idioma, a comida, a liturgia, tudo era francês. Ou seja, o mosteiro era uma torre de marfim europeia. Mas Boniface tinha em mente um mosteiro africano, e, para ele, africano significava: convívio e participação. Convívio com a população local e participação na realidade africana, isto é, um mosteiro aberto – aberto às vizinhanças, aberto aos valores africanos.

Ao aproximar-se o momento dos eternos votos, Boniface deixou o mosteiro francês e, bem distante dali, quase na fronteira com o Benin, fundou, com outros jovens, uma comunidade própria. Fora uma experiência, e agora, três anos depois, estava na hora de se empreender uma estrutura sólida, em termos organizacionais e religiosos. Aquilo me fascinou prontamente. É claro que eu não tinha qualquer ideia precisa do que havia por lá, mas a iniciativa do obstinado Boniface me pareceu grandiosa. Nosso superior também considerou basicamente positivo o empreendimento, mas achou que era preciso formar antes uma imagem bem definida a respeito. Tratava-se, certamente, de jovens sérios e determinados, mas – eles realmente viviam no espírito e de acordo com a Regra Beneditina? Eram dos nossos?

Viajei para o Togo.

Tive como guia o Abade Fidelis, solicitado à Abadia de Münsterschwarzach. Ao contrário de mim, ele não aprovava o projeto, que lhe parecia um castelo de areia. Era bom ter um cético por perto – com a queda que eu tenho para o experimento, já suscitei muitas críticas, e, naquela viagem de reconhecimento, precisava de alguém cuja opinião fosse reconhecidamente objetiva.

Seguimos de carro para o norte do Togo, apresentamo-nos ao bispo e logo notamos que ele não tinha a menor noção real da vida beneditina. A ideia que ele fazia de um mosteiro beneditino era a de um lugar isolado, onde monges rezam o tempo todo pelo bem-estar de seu rebanho, onde o Céu derrama suas graças sobre a diocese. Assim sendo, teríamos, antes de tudo, que dar àquele homem uma lição do pensamento beneditino; por isso mesmo não aceitamos sua oferta de hospedagem. Ele deve ter interpretado a nossa recusa uma esquisitice europeia, mas, de qualquer modo, suplicou que não fôssemos tão imprudentes e pernoitássemos lá. Mas mantivemos nossa decisão e seguimos viagem, na direção de Benin, até o mosteiro dos jovens. Lá nos alojamos.

Nem eu nem o Abade Fidelis tínhamos visto um mosteiro como aquele antes. Compunha-se apenas de algumas tendas e dois pequenos setores fechados – um era o toalete, outro era o chuveiro, quer dizer, um balde do qual se despejava água sobre a cabeça. Então era ali que vivia o Frère Boniface, com outros sete ou oito jovens, longe de todo conforto europeu. Logo nos tornamos amigos. Boniface me explicou francamente a sua visão de uma vida monástica africana, e, nos dias que se seguiram, eu constatei que ele era um africano sábio e consciente de si mesmo, com ideias claras, e determinado a só aceitar candidatos realmente imbuídos do ideal comunitário beneditino. Ele assumira os votos com uma seriedade incomum.

Nossa estadia lá é inesquecível para mim. À noite dormíamos no chão da cabana, entre os irmãos africanos; durante o dia convivíamos com eles sob o céu aberto e tomávamos as refeições à sombra de uma grande mangueira. Dividiam conosco sua papa de milho e legumes, e, quando aparecia gente das vizinhanças, também davam alguma coisa. Pedintes eram convidados à mesa. Frère Boniface era fiel à sua máxima: "Ser africano é dividir tudo com todos". Aquele mosteiro era um verdadeiro local de encontro, e, em pouco tempo, passei a ter no Abade Fidelis um aliado entusiasta – ele não estava com a menor vontade de se afastar daquele "mosteiro". Em dado momento, o bispo enviou seu vigário-geral, para verificar se ainda estávamos vivos. O bom homem vinha com a incumbência de levar-nos de volta à civilização, mas nós ainda não tínhamos vivenciado o bastante aquele tipo original de vida monástica, e ficamos mais alguns dias.

Em 1991 pusemos o mosteiro sob os auspícios da nossa congregação. Desde então, coisas têm acontecido por lá. Com o novo edifício circular central, hoje o lugar é mais imponente, e a comunidade também aumentou: atualmente vivem lá 25 irmãos, dentre os quais três noviços. Daqui a alguns anos poderá ser elevado a abadia. E, tanto antes como agora, sou fortemente ligado, como amigo e irmão, a Frère Boniface.

Às vezes me pergunto se fiz aquela viagem como missionário ou mais como um peregrino. A iniciativa da fundação do mosteiro no Togo partira de nativos locais, e a Igreja já estava no país há muito tempo. Aquela viagem não se destinava a converter ninguém. Autênticas viagens missionárias eu empreendi na China e Coreia do Norte, mas nessas terras cabia a nós construir hospitais, não mosteiros. Além do que, jamais tencionei sobrepor o cristianismo a uma cultura estrangeira. Todas as novas fundações foram idealizadas muito mais como centros religiosos e culturais, para irradiarem em regiões cristãs. Analisando bem, viajei para o Togo como um peregrino atraído pela visão de uma nova forma de comunidade monástica. Outras viagens também tiveram suas circunstâncias aventureiras, por se assemelharem a uma peregrinação medieval. Por exemplo, a minha visita ao Haiti em 1985.

Começou como sempre: fui solicitado a fundar um mosteiro no Haiti. Eu não sabia muito a respeito desse país insular, então quis fazer um reconhecimento prévio e, interrompendo uma viagem à Venezuela, parei na capital haitiana, Porto Príncipe. De lá, segui para Gonaives, no norte da ilha, onde fui convidado a visitar algumas comunidades montanhesas afastadas. Comunidades que há já quatro anos tinham que tocar a vida sem padre, conforme fiquei sabendo. Os 50.000 católicos dessa paróquia eram atendidos por duas freiras, que, a cada fim de semana, saíam com grandes recipientes de hóstias e pronunciavam ofícios religiosos nos povoados. Comigo, aquelas pessoas poderiam, mais uma vez, assistir a uma missa genuína, e foi com prazer que aceitei o convite.

Uma mula me aguardava, sem arreios adequados e sem sela. Fiquei meio duvidoso: não sou nenhum cavaleiro experimentado, mas provavelmente o passeio no clima quente e úmido do Haiti não há de me custar muito esforço, se eu me deixar carregar – então me fiei no animal. Consegui montar, e lá fomos nós, montanha acima. As duas freiras me acompanharam a pé. Hora após hora, minha cavalgadura seguia em frente por sua própria conta, e lá ia eu, despreocupado, apreciando a maravilhosa vista da serra saturada de verde.

Na primeira comunidade fui recebido com júbilo. Os haitianos são todos, sem exceção, descendentes de escravos negros, e experimentei ali uma alegria tipicamente africana. A missa, que logo celebrei na pequena igreja do povoado, ficou gravada em minha memória como evento especial. A compreensão foi difícil, pois eu mal entendia o dialeto crioulo dos meus anfitriões, mas a alegria deles e seu fervor dispensavam tradução. Mais tarde, tomei um banho num lago da montanha, e tive o tempo todo ao meu redor uma escolta de exímios nadadores – todos doidamente determinados a me afundar na água.

No dia seguinte, caminhamos por pequenas trilhas da montanha, eu, mais uma vez, com a minha mula. De repente, eis uma multidão diante de nós: a população do próximo povoado. Não quiseram aguardar minha chegada, vieram ao nosso encontro e chegaram a ponto de limpar para mim as pedras e detritos do caminho até sua aldeia! Então seguiram à minha frente, cantando, e, tal como Jesus ao entrar em Jerusalém, eu mal conseguia seguir com a mula.

Meu comitê de recepção nos conduziu a uma pequena capela, um prédio recém-construído, simples e tosco, faltando os vidros das janelas. Comecei a celebrar a santa missa e senti, entre os fiéis, o mesmo humor elevado de dias antes. Justamente enquanto eu me ocupava do ofertório, percebi um movimento na abertura da janela à direita. Não pude crer nos meus olhos: dois canos de espingarda se introduziram e apontaram para mim. Fiquei sem ação. Deveria parar com a missa, ou seria melhor eu correr imediatamente para um esconderijo? Mas, entre o pessoal, não surgiu o menor pânico. Ninguém se impressionou com aquelas duas armas. Ao que parecia, nada de extraordinário estava ocorrendo. A comunidade cantava a plenos pulmões e, portanto, dei prosseguimento à celebração, ainda que não tirasse os olhos das armas. Já que os fiéis não tinham motivo de medo, eu, pelo menos, queria disfarçar minha insegurança. E, olha só, assim que eu pronunciei as bênçãos finais, as armas sumiram.

Durante o banquete ao ar livre que ocorreu depois, fiquei sabendo que o então ditador do Haiti, Jean-Claude Duvalier, conhecido como *Baby Doc*, realizava naquele dia um plebiscito, e a rádio católica da ilha conclamava ao boicote. Eis a causa das tensões. Passei, no Haiti, por uma das costumeiras tentativas de intimidação, e fui o único para quem a coisa quase funcionou.

À noite tive um contratempo. O barraco da família que me hospedou era do tipo mais simples imaginável, uma estrutura de pau a pique. Fez-me lembrar a casa dos velhos camponeses que, muitos anos antes, no caminho de La Salette, me haviam acolhido com leite recém-ordenhado. Aquele barraco era também dividido em um estábulo para o gado e um espaço residencial, que, por sua vez, funcionava como cozinha e dormitório. Ali estava a minha cama, um colchão nu sobre um estrado de madeira, e, à noite, assim que me estendi sobre ele, senti um cheiro horrível.

Refleti. Para que eu carregava um frasco de água de colônia? Levantei-me cuidadosamente, para pegar minha bolsa na mesa de cabeceira e, no meio da escuridão, esbarrei em algo que parecia ser uma bacia. Imediatamente, seu conteúdo se derramou sobre mim e a cama. Agora a metade superior do colchão estava encharcada, e o cheiro, naturalmente, continuava lá. O que fazer? Mesmo assim tentei dormir. Não deu. Tudo bem. Tomei coragem, levantei-me e virei o colchão ao contrário, de modo que pelo menos a parte superior do corpo ficasse no seco. Depois tateei de novo na minha bolsa, consegui pegar a água de colônia e aspergi a cama. Pronto! Na esperança de que meus anfitriões não tirassem falsas conclusões sobre o colchão encharcado, finalmente adormeci.

Outro dia, em outro povoado que não tinha capela, a missa ocorreu à sombra de uma árvore, onde jovens diligentes já haviam preparado tudo. Um deles tinha uma bela garota ao lado. Disse-me que queria desposá-la. Só que a moça era da Igreja Batista e, para isto, precisava se tornar católica, mas ela estava de acordo – então por que não tratar disto de uma vez, durante a missa? Assim, foi este o ponto alto da viagem. Primeiramente, a noiva do rapaz foi solenemente acolhida na Igreja Católica, em seguida casei os dois e, após a missa, foram feitos preparativos para uma festa. Mas, antes, eu tinha ainda uma tarefa a cumprir.

Durante a missa, veio a mim um homem idoso vestido com uma bata que ia até os joelhos. Como um sonâmbulo, ele passava no meio do povo com seu bastão. Era cego. Quando quis se aproximar para a comunhão, alguém o deteve. O homem não tinha confessado, me explicaram depois. Fora batizado há poucos meses, mas ainda não se confessara e, portanto, não podia comungar. Bem, isso podia ser consertado agora. Retiramo-nos numa cabana e o cego me confessou seus pecados, durante uns 15 minutos. Não que eu tenha compreendido muita coisa. Seu dialeto era tão estranho para mim quanto o meu francês, provavelmente, era para ele. Foi uma confissão surrealista, mas minha penitência em francês e minha absolvição em latim foram bem inteligíveis para ele.

Em seguida, aguardei em frente à cabana, enquanto, lá dentro, o ancião se preparava para a comunhão, e quando, após algum tempo, saiu pela mão de um jovem catequista, ele sorriu. Haviam-no vestido com uma roupa nova; ele agora trajava uma camisa branca limpa e calças, que sustinha com a mão direita, porque estavam muito grandes nele. Obviamente, ele deviria vir à mesa do Senhor num traje de domingo, e não com seu casacão surrado de todo dia. Dois jovens haviam cedido peças de seu próprio vestuário para a nova indumentária do homem. Por fim, ele pode receber a comunhão, que foi logo celebrada.

Efusivamente celebrada. O povo cantava e dançava, até as crianças pequenas entraram na roda e pulavam de mãos dadas com os adultos. Inclusive os idosos dançavam, em passos cuidadosos e moderados. Ele ocupava o centro, toda alegria era em função dele. Ali, naquela vila montanhesa do Haiti, em meio àquela pobreza, conheci cristãos que realmente pareciam redimidos. Sentia-se ali uma certa aura de liberdade, obtida através do perdão dos pecados. Eu olhava para eles, desejando um dia encontrar, também na Europa, uma comunidade assim tão alegre.

Naquele mesmo dia, regressei a Gonaives – e quase não cheguei. Lá em cima, ainda imperou o bom e velho acordo entre a mula e eu, mas foi revogado, assim que baixamos ao vale e o atalho ficou íngreme. Sei lá por que, a mula não queria descer. De repente disparou num galope desenfreado, parou no próximo cume, os outros ficaram logo para trás. O melhor que posso dizer a meu respeito é que não me deixei jogar no chão. Fiquei montado, agarrei sua crina e gritei: "*Stop!*" E "*Ferme-toi!*" Mas ela não entendia nem inglês nem francês. Em dado momento, ela parou tão de repente que eu quase fui jogado por cima de sua cabeça. Lá estava eu, meio caído de lado, e olhei cuidadosamente para baixo. Tomei fôlego. Estava salvo. Meus acompanhantes vieram correndo. Estavam muito agitados e mal se convenciam de que eu estava ileso. A partir daí passaram a conduzir a transgressora com mão firme nas rédeas.

Os últimos dias decorreram cheios de acontecimentos incomuns até para um arquiabade de Sankt Ottilien. Durante o regresso, eu lembrava, admirado, como não morri nem afogado nem baleado, nem arremessado pela minha cavalgadura. Mas, quanto à fundação do mosteiro no Haiti, para minha grande tristeza, não aconteceu, o que se sucedeu, por um lado, ao fato de estarmos, na ocasião, muito compromissados em outras partes do mundo e carecíamos tanto de dinheiro quanto de pessoal. Por outro lado, nos pareceria muito insegura a situação política no Haiti, e, por fim, já existia no país uma comunidade beneditina, à qual não queríamos fazer "concorrência".

Mas tem o mesmo valor de sempre a velha experiência do peregrino que enceta o caminho partindo diversas vezes. Uma única partida, a saída da casa paterna, não é suficiente. Quem quiser alcançar a meta jamais pode se contentar com o que já obteve; é preciso voltar-se continuamente a novas incursões – e sem deixar-se abater por coisa alguma. Perda de tempo? Quantas vezes já ouvi isso. Quantas vezes eu mesmo, enraizado na fé como sou, deparo com o fracasso na sustentação da atitude e com meu próprio desamparo. Não devemos permitir que essas quedas momentâneas contaminem a nossa determinação.

De qualquer modo, nunca dei importância aos fracassos e, na maioria das vezes, atingi meu objetivo. É preciso paciência, mas, acima de tudo, é preciso dar o primeiro passo. Nunca se tem ideia da distância a que se pode chegar, antes que se dê o primeiro passo.

Nossa mais recente fundação foi em Cuba. Até então não havia lá nenhum mosteiro beneditino, mas o arcebispo de Havana colocou à nossa disposição uma casa na capital. Um monge do Togo foi nomeado superior do mosteiro. Esperamos que apareçam adesões locais. Em todo caso, estou entusiasmado com meus futuros confrades cubanos.

# 12

# "Cada dia exige um novo esforço pessoal"

## *Aspectos do mundo dos peregrinos que podemos aplicar à nossa vida atual*

Disposição para partir, eis o "x" da questão. Mas a partida precisa de uma meta, o que leva a uma segunda virtude: a persistência. Ou seja, uma qualidade não muito comum em nossos dias – só a ideia de algo que requeira tempo e exija paciência já é inaceitável para muita gente. Mas, falando especialmente no peregrino, a marca de sua identidade é justamente a persistência.

Um viajante comum pode desistir. Pode, a qualquer momento e por qualquer motivo, cessar a viagem antes de chegar, ou mudar a rota. Um peregrino não pode fazer nada disso. Um peregrino não pode parar. Ele tem que persistir até um destino precisamente estabelecido. Pode-se dizer: como peregrino, eu assumo um compromisso com um santo e tudo que faço é voltado a cumpri-lo. De certo modo, assumo a obrigação pessoal de não descansar antes de atingir o meu objetivo. Naturalmente, pode-se peregrinar em etapas, como muitos fazem hoje. Entretanto, para ser mais exato, só devo me considerar peregrino quando chego ao destino desejado.

Em essência, o mesmo ocorre com o monge. Assim que proferiu os votos eternos, ele optou pela vida no mosteiro, e tal decisão significa que lá ele permanecerá pelo resto da vida. Terá que superar crises e períodos de extrema dificuldade sem questionar, terá que vencer e desprezar tentações, mas não subestimá-las. Antigamente não se admitia muito essas coisas. Partia-se do princípio segundo o qual, com o pronunciamento dos votos ou a ordenação de um padre, estabelecia-se um estado no qual a pessoa não poderia mais ser desencaminhada. Doce ilusão. Na verdade a vida monástica subentende altas exigências de disposição à perseverança, no sentido de não enfraquecer o *élan* do ponto de partida, e de modo que a comunidade inteira não caia na inércia.

Provavelmente alguns, por mais boa vontade que tenham, ficariam sobrecarregados sem a firme estrutura que a rotina monástica proporciona à sua vida diária. A imutável divisão do tempo, a regularidade das horas de oração, as fórmulas litúrgicas, tudo na vida monástica destina-se a dar ao monge condições de seguir conscientemente o seu caminho, manter vigilância e refletir cada vez mais. A estrutura o ajuda a se concentrar no essencial. Eu mesmo interrompo meu trabalho em Santo Anselmo três vezes por dia, para a oração em coro, sempre nas mesmas horas, mesmo quando estou muito estressado, e digo: "É hora de parar, Deus tem prioridade, esta meia hora pertence a Deus". As orações em coro são para mim os pilares sobre os quais se apoia o dia. E assim também é quando estou em trânsito, fora do mosteiro, na África, América ou Ásia, onde divido os períodos de oração tal como em Santo Anselmo. É igualmente importante para mim a *lectio divina*, a leitura regular da Bíblia. A cada dia, após a sesta, pego a Bíblia por dez minutos, assim entro em contato com Deus e sempre torno a constatar que sou desafiado ou alertado pela leitura das palavras do Velho e do Novo Testamento.

Em nós, corpo e alma são interligados por estruturas firmes. Elas impedem que um monge banalize sua vida religiosa e se torne espiritualmente vazio. Elas conferem estabilidade à nossa vida e dão equilíbrio à dinâmica do caminho escolhido. Orientam de modo que o objetivo não se perca de vista e seja sempre lembrado em cada novo sentido a que se destine e para onde se dirija. De tal modo nos exercitamos na indispensável virtude peregrina da persistência.

Assim forma-se um referencial prático para a vida de qualquer pessoa. Pois que, basicamente falando, mesmo fora do mosteiro, nada se consegue de grandioso sem resistência, perseverança e determinação. Num mundo que vive em constante mutação, que só conhece objetivos de curto prazo e pequenos êxitos, é aí que a perseverança ganha cada vez mais em significado – como força de resistência, como estratégia de autossugestão. Pode ser que haja mais uma causa para o ressurgimento do entusiasmo pela peregrinação: aquele que peregrina se propõe a algo. Pode, em trânsito, exercitar resistência e persistência, duas qualidades que, na vida comum, ameaçam perder a força. Numa peregrinação, cada dia exige um novo "esforço de mim mesmo", para usar a expressão do psicólogo Alexander Mitscherlich. É uma situação em que precisamos enfrentar constantemente o nosso desânimo e esgotamento – e, por fim, vivenciar a chegada ao destino como um triunfo sobre nós mesmos. Isso libera uma satisfação que o dia a dia comum raramente proporciona.

De qualquer modo, destinos longínquos nunca são alcançados sem persistência. Por outro lado, persistência não significa investir com os próprios punhos de encontro a esses destinos, mandar para o espaço os argumentos conhecidos e dar com a cabeça na parede. Muito pelo contrário, persistência pressupõe comunicação. É preciso expor ao grupo as nossas ideias e visões, sempre um estimula o outro. Capacidade e trabalho de persuasão fazem parte disso, mas também a receptividade para novas concepções e, de acordo com as circunstâncias, o objetivo pode ser atingido por um caminho diferente do planejado. É sempre suspeito aquele que se obstina em manter o sistema a todo custo. Suspeito porque enfatiza mais o poder que o objetivo. O verdadeiro persistente, por sua vez, é paciente; ele mostra por que algo deve ser feito, procura ao máximo realizar seus planos. Quando todos colaboram, sempre alguém no grupo fica estimulado, e assim também se faz com que os negativistas e os pessimistas se calem. Assim se realizam visões.

Sem resistência, qualquer meta ambiciosa permanece inatingível – e isto é um conhecimento de peregrino que geralmente se aplica à nossa vida. Afinal, assim é: se, durante muito tempo, nos acostumamos a uma vida muito fácil, podemos cair do cavalo já na primeira dificuldade; a mínima perda em comodidade ou segurança pode fazer que abandonemos prontamente toda esperança. Em países pobres aprende-se desde cedo a se estar preparado para adversidades. Ali a resistência é uma capacidade espiritual necessária à sobrevivência, portanto óbvia. Entre nós, porém, trata-se de algo a ser exercitado e, portanto, uma função da educação. A base para a persistência deve ser estabelecida já na infância.

Para tal, os pais devem exigir que seus filhos cumpram as tarefas até o fim. Em todo esforço existe um ponto de inércia, que deve ser superado para que se vivencie o êxito, êxito este que estimula para o trabalho seguinte. Quem não aprende isto sempre acaba parando, desiste e, no fim, se entrega a qualquer diversão. A persistência leva ao êxito e a regularidade dá suporte à persistência. Tanto faz se eu estudo uma língua estrangeira, se aprendo a tocar um instrumento ou, como membro do coro, trabalho uma peça musical – só colhe frutos quem persiste. E, no fim, depois do primeiro sucesso, todas as dificuldades são esquecidas. Simplesmente desaparecem em meio aos aplausos, parecem insignificantes diante das expressões aprovadoras ao redor, são sobrepostas pelas reações de ânimo, que experimentamos quando realizamos algo da melhor forma possível.

A persistência do peregrino poderia ser um modelo para toda uma sociedade – um bom motivo para reavivar o costume da peregrinação. Mas, em outros aspectos, o que é peregrinação? Pode-se absorver para hoje alguma coisa das antigas bases que norteavam a ideia de peregrinação? Ainda se pode venerar relíquias, acreditar em milagres ou obter algo dos santos, ou até mesmo encontrar os santos – ou tudo isso já pertence ao plano de um exotismo religioso, coisa que em pessoas racionais só pode provocar riso? Vou tentar responder a esta pergunta com base em minha própria experiência de vida.

E vou começar pelo milagre: eu acredito em milagre. Acredito que corpo e alma podem ser redimidos pela experiência do amor de Deus, conforme demonstrei no quinto capítulo. Mas, francamente, se constato que Deus ouve minha prece, nunca me pergunto se está ocorrendo um milagre. Pouco me importa se uma cura sucede por caminhos humanamente compreensíveis ou de um modo misterioso. Para mim tanto faz se algo acontece por meios intangíveis ou tangíveis – qualquer bom acontecimento é um motivo de alegria e gratidão, e é suficientemente milagroso.

O único fator essencial é a fé em Deus. Pode ser que, às vezes, um simples entendimento de psicologia seja o bastante para se obter o efeito de uma oração. Por exemplo, se prometo a um estudante às vésperas dos exames que rezarei por ele, isso pode tranquilizá-lo – e ele passa nos exames, sendo que falharia se estivesse sob grande tensão. E se prometo a uma futura mãe que pensarei nela durante a prece, ela pode tomar mais confiança na vida – ela esquece o medo do parto, seu sossego interior é transferido para a criança e o nascimento ocorre sem problemas. Vivenciei ambos os casos, minha prece funcionou duas vezes, mas a fé em Deus foi a premissa. Quem não crê nunca experimentará algo assim.

Tal como os milagres, também entendo as relíquias. Nunca vou especular se são ou não autênticas, se o corpo do santo está mesmo ali ou em outro lugar – seja como for, a relíquia mantém viva a memória de um determinado santo. A sepultura do Apóstolo São Tiago se encontra realmente em Santiago de Compostela? Provavelmente não. Mas o que tem isso? Alguém como São Tiago, que conta entre o mais restrito círculo discipular de Jesus, que, por sua fé, quis sofrer a morte no martírio, é, de qualquer modo, digno de veneração até hoje. Por que não devo venerá-lo em Santiago? Além disso, cada santo constitui um ensejo para questionar a mim mesmo, para me pôr à prova: em que sentido orientei minha vida? Até que ponto pretendo me submeter ao *Zeitgeist* (espírito da época)? Quando devemos opor resistência ao que hoje é habitual em matéria de barbaridade e estupidez? E, com isto, chegamos a um tema que, segundo meu ponto de vista, tem mais a ver com nossa vida do que com milagres e relíquias: o valor e o significado dos santos.

Os santos não são personagens de conto de fada, nem são deuses, nem são necessariamente mártires – esta ideia só se impõe às vezes porque os artistas, com sua queda para o drama, preferem representar os santos sempre sofrendo torturas e execuções terríveis. Mas não importa. O fundamental é que os santos realizaram o cristianismo em suas vidas, ao observar os seus semelhantes tal como o fez Jesus Cristo. Assim, eles servem de modelo até hoje – modelos de coragem e humanidade.

Além do mais, há muitos santos que nunca foram mencionados como tal, que nem são representados como figuras luminosas, santos cuja piedade talvez nunca tenha sido notada. Se nos detivermos na visão do Juízo Final, conforme descrito por Mateus, no capítulo 25, constataremos claramente: aqueles que Jesus recebe em seu reino não sabem sequer o porquê disto. O que fizemos de extraordinário?, eles perguntam. E Jesus explica sem fazer qualquer referência à fé deles, e sim aos seus atos humanitários, que, durante a vida, eles praticavam como um dever óbvio. Seguir o exemplo de Jesus é o caminho do santo. Assim ele próprio se torna um exemplo, assim o amor de Deus à humanidade se manifesta em sua vida.

E o segredo dos santos é que eles praticam exatamente o oposto daquilo que hoje entendemos por autorrealização. Eles absorveram o cerne da mensagem cristã, que significa: a verdadeira autorrealização é mais próxima na medida em que alguém menos pensa em si mesmo. Portanto, os santos são, de certo modo, anti-heróis – pessoas que não avaliam sua força pelo triunfo sobre os outros, e sim pela vitória sobre seu próprio egoísmo. São altruístas, desligam-se dos próprios direitos, ocultam-se por trás de suas tarefas, que consideram mais importantes e mais sérias que eles próprios. Esse altruísmo dá liberdade.

Liberta do temor pela própria integridade, da preocupação com a própria importância, do temor pelo próprio *status quo*. Santos são, portanto, mais que tudo, pessoas realmente autônomas.

Também neste sentido, São Bento classifica, em sua Regra, a humildade como o maior dos valores – não para ser entendida como subserviência, mas como distância de si mesmo. Um dos maravilhosos paradoxos da vida é que esta humildade não enfraquece, mas fortalece o ser humano, mesmo porque o liberta da ocupação consigo mesmo, da fixação no próprio ego. Jesus resume esse paradoxo numa frase, quando diz: "Quem quiser salvar a sua vida, vai perdê-la; mas quem perder a sua vida por amor de mim, há de encontrá-la". Isto é: nós ganhamos pela renúncia. Por meio de outros, encontramos a nós mesmos. Esta citação de Jesus pode ser considerada um lema para toda vida santa.

Aliás, não podemos imaginar os santos como pessoas reclusas, ou providas de uma devoção incompatível com o mundo. Muitos não foram nascidos e crescidos na fé, e poucos são os que alcançaram a santidade em linha reta. Há, particularmente, entre os grandes santos, muitos de vida pregressa totalmente comum, às vezes até mesmo desregrada.

Vou citar só um exemplo: o espanhol João da Cruz (1495-1550), fundador da Congregação dos Irmãos de Caridade, uma ordem de assistência que se propagou principalmente no sul da Europa e, inclusive, administra um hospital em Roma, na Ilha do Tibre. Esse João era de natureza inquieta, impulsiva, um sujeito sem eira nem beira, um aventureiro, que lutou como mercenário contra os turcos, antes de ser alvejado pela Palavra de Deus. Desde então, ele se colocou a serviço dos doentes, e é incrível o que ele realizou. Em Granada, ele estabeleceu o primeiro hospital, em termos modernos, propiciou assistência médica e cuidou pessoalmente dos doentes. Trouxe aleijados ao hospital, carregando-os nas costas, acolheu também doentes da alma e os tratou como gente, livrou mulheres da prostituição, dedicou-se às crianças órfãs, além de fundar uma hospedaria para peregrinos. Ricos patrocinadores de toda a Espanha, inclusive o rei, financiaram seus projetos, pois viam neles o amor de Deus em ação. Na tentativa de salvar um jovem da correnteza de um rio, pegou uma pneumonia, que causou sua morte. Estava com 55 anos.

João da Cruz conheceu a vida. Ele era uma fortaleza, um sujeito valente – e, ao mesmo tempo, alguém que, pelo altruísmo, encontrou a si mesmo. Numa vida humana como a dele, Cristo se faz visível. É nessa madeira que se esculpem os santos, tanto ontem quanto hoje, pois eles, os santos, existem sempre. Um homem como o Papa João Paulo II, uma mulher como Madre Teresa, a meu ver, contam entre eles, mas também alguns confrades e irmãs com que deparei. E por que não vamos reconhecer santos também em pessoas totalmente diferentes, como, por exemplo, aquelas que, por meios diplomáticos, atuaram pelo bem-estar de seus semelhantes?

Alguém como Dag Hammarskjöld, que exerceu a função de segundo secretário das Nações Unidas, tem, para mim, as características de um santo. Ele atuou como político, mas pensou como um místico da Idade Média. "Humildade significa não se comparar com outros" – esta frase é dele, mas poderia muito bem ser de Mestre Eckhart. Entretanto, o público nada soube dos motivos de suas negociações, antes que seu diário fosse conhecido, após sua morte. Assim, ficou revelado que Hammarskjöld sentia-se pessoalmente responsável perante Deus pela paz mundial. Em função de sua fé, ele não queria entrar no meio fogo cruzado, portanto se manteve em silêncio com suas convicções, mas envolveu-se em todas as grandes crises políticas da década de 1950, como promotor da paz.

Após a Gerra da Coreia, Hammarskjöld negociou com a China e obteve a libertação dos prisioneiros de guerra americanos. Durante a crise do Canal de Suez, em 1956, ele organizou, num espaço aproximado de 48 horas, uma força de paz e assim desativou um conflito que ameaçava transformar-se em guerra mundial – foi a primeira *operação capacete azul* da história. Atuou como mediador durante a revolução húngara e veio a falecer numa queda de avião em 1961, numa missão de paz no Congo. Seus feitos são os feitos de um santo, e a inscrição em sua lápide tumular são palavras de um santo: "Não eu, mas Deus em mim". Mas posso ver também outros políticos como santos – por exemplo, Robert Schuman, Alcide De Gasperi e Konrad Adenauer, porque, após a Segunda Guerra Mundial, puseram a Europa no caminho da união. Todos os três atuaram como cristãos convictos. E que imensa contribuição eles deram para a convivência pacífica dos povos da Europa! É claro que eles tinham também seus aspectos sombrios, mas isso todo santo tem.

E, por fim, como já foi dito, alguns homens e mulheres fora de série, que encontrei na nossa ordem. Havia um confrade que trabalhara como missionário na Coreia e, depois da ascensão do comunismo, ficou aprisionado na Coreia do Norte. Foi maltratado num campo de prisioneiros, viu e passou por coisas terríveis, mas não houve crueldade capaz de prejudicar seu humor, sua amistosidade e bondade. Após sua libertação, ele se estabeleceu na Coreia do Sul, onde formou uma grande paróquia. Lembro-me de como, por ocasião de minha última visita à Coreia, ele se aproximou de mim – estava então com 92 anos – e me recebeu, falando em tom de riso: "Reverendo pai, é terrível, mas as tentações nunca cessam...." Com certeza, ele era cada vez mais receptivo a tudo, inclusive às alegrias do mundo. Dois anos mais tarde, ele morreu, após uma vida de constante serviço a Jesus Cristo.

Durante aquela visita, conheci uma irmã idosa, também ex-prisioneira num campo norte-coreano. Conversei com ela à mesa. "O que você acha dos carrascos que a torturavam naquele tempo?", perguntei. "Ah, já os perdoei há muito tempo", ela disse. "Aquelas pessoas não sabiam agir de outra forma, e eu rezo por elas." Ela não se abalou, não guardou nenhum rancor, e foi emocionante para mim ver aquela mulher em sua serenidade. Ela estava em paz, encontrara a liberdade interior. Pessoas assim também considero santas.

Portanto, se analisarmos bem, é plenamente útil, manter vivos em nossa época alguns aspectos do mundo dos peregrinos medievais. Com eles podemos aprender a aplicar nossa energia em resistência, paciência e determinação, em vez de transformá-la em atividade frenética – e a própria experiência em peregrinações nos aproxima deste ponto de vista. É claro que a obsessão dos peregrinos medievais pelo milagre está irreversivelmente extinta, mas na eficácia da prece, no pedido e no atendimento, podemos continuar confiando. E, se nos aproximamos das relíquias conscientes, de que cada uma delas conta a história de um santo, também delas podemos obter algo, pois os santos nos colocam diante de uma ideia de autorrealização, coisa que nem as tendências de uma época nem quaisquer variantes ideológicas podem subjugar. Isto só é possível para quem deixou de girar em torno de si mesmo – esta é uma verdade que vale em qualquer época.

# 13

# "Todo hóspede que chega deve ser recebido como o próprio Cristo"

## *Hospitalidade*

Era a semana da Páscoa de 1963. Já se iam seis anos desde a minha peregrinação a Altötting, e agora eu queria pôr o pé na estrada de novo, desta vez na Itália, através das Montanhas Sabinas de Subiaco, próximo a Montecassino. Para nós, estudantes da Escola Superior Beneditina de Santo Anselmo em Roma, esta era a rota clássica de peregrinação, pois, mais de 1.400 anos antes, São Bento percorrera aquele caminho para fundar seu último mosteiro, em Montecassino. Meus companheiros nesta peregrinação foram três colegas, beneditinos como eu, dois dos quais velhos conhecidos – juntos havíamos esquentado os bancos escolares do seminário de Sankt Ottilien, juntos tínhamos cumprido o noviciado, também lá.

A ideia era meio doida, pois, na verdade, não pretendíamos ser peregrinos. Tínhamos metido na cabeça que íamos simplesmente andar. Em nossos desconfiados ouvidos, a palavra "peregrino" soava muito piedosa, pomposa e também fora da realidade. Além do que nós rejeitávamos todas as etiquetas, e não dávamos valor algum à formalidade do beija-mão, que, naquele tempo, ainda era praticada à entrada dos mosteiros. Os movimentos estudantis de 1968 baniram aquele costume. Mas, por outro lado, como podíamos pensar seriamente que passaríamos por viajantes comuns? Dá para imaginar: vestidos no hábito escuro dos beneditinos, nós éramos reconhecidos à distância e, num dado momento, acabamos admitindo que éramos peregrinos mesmo, o que, acima de tudo, favoreceu a hospitalidade. A hospitalidade que vivenciamos nos mosteiros ao longo do nosso caminho – e a postura incorruptível em prol da tradição católica, que o cantineiro de uma *trattoria* veio a demonstrar.

Partimos no começo da tarde do Domingo de Páscoa. Pusemos nossas mochilas às costas, pegamos o bonde n. 13 até o cemitério romano de Campo Verano, onde embarcamos num dos ônibus azuis intermunicipais, e após uma hora e meia de viagem chegamos à pequena cidade montanhesa de Subiaco.

Na verdade, Subiaco foi o primeiro ponto de peregrinação. Foi lá que tudo começou para nós beneditinos: lá no isolamento da montanha inóspita, o jovem Bento se refugiou para estar a sós com Deus e consigo mesmo. Ainda se pode ver a gruta que, em sua dura vida de eremita, por três anos lhe ofereceu o necessário abrigo contra vento e intempéries. Mais tarde, ele ergueu seu primeiro mosteiro ao pé da encosta, exatamente nas ruínas da residência de verão do Imperador Nero. Ali viveu, portanto, a primeiríssima comunidade monástica, segundo conceitos de uma vida temente a Deus, conforme ele os desenvolvera nos anos de solidão. O fato de ele e alguns companheiros leais terem, mais tarde, deixado esse mosteiro deveu-se à oposição dos padres locais. Em função da inimizade destes, ele se mudou para Montecassino, onde fundou o mosteiro que veio a ser a famosa sede da ordem.

Os beneditinos de Santa Escolástica em Subiaco nos receberam amistosamente e nos alojaram em quartos simples: uma cama, uma cadeira, uma pequena mesa e alguns cabides na parede – nada mais, e de nada mais precisávamos. O vermelho vivo do chão de terracota nunca mais me saiu da memória, e, quando, por volta de uns 20 anos mais tarde, reformamos o refeitório de Sankt Ottilien, mandei colocar o mesmo tipo de piso. Depois subimos para o segundo mosteiro do lugar. Como um ninho de andorinhas, ele ficava engastado numa íngreme encosta rochosa e, enquanto nos aproximávamos, os blocos de pedra ocre dos seus muros luziam ao sol do entardecer. O interior é uma festa para os olhos, uma sequência de maravilhosos afrescos dos séculos XIII e XIV, da nave superior ao ponto mais baixo. A meio caminho, entre aquele cenário de imagens, surgiu, de repente, a gruta de Bento.

Em seguida, não tive ânimo para a prece. Tive que pensar naquele jovem que, naquele lugar, fosse inverno ou verão, havia resistido a todas as intempéries, a todas as durezas da vida erma. Que idade teria Bento quando viveu nesse fim de mundo? Exatamente a minha, passou-me pela cabeça. Ou seria ainda mais jovem? Uns vinte anos, talvez. Naquele momento, senti sua determinação inquebrantável como algo decididamente assustador. Eu jamais me arvoraria a me retirar tanto assim do mundo, jamais suportaria uma renúncia tão radical a todas os prazeres da vida. Dizem que pastores que passavam tinham-no como uma fera selvagem. Provavelmente usava uma manta de couro, deixava barba e cabelos crescerem. Aliviado, observei, mais tarde, no jardim do mosteiro, a lendária roseira na qual Bento teria se atirado, para dominar suas fantasias eróticas. Portanto, ele não foi um super-homem, ele também conheceu tentações, e constatar isso foi um consolo pra mim.

Na manhã seguinte, participamos das preces matinais e da missa; após um espartano desjejum *à la italiana*, partimos e seguimos pelo vale do Rio Aniene. O dia estava um sonho, eu sentia o verde fresco das árvores e prados, a imagem da correnteza rápida do rio, a paz, a adorável luz do sol de primavera. E, mais que tudo, o nosso descanso na margem, onde, por força do hábito, entramos logo nos nossos debates, propondo teorias aguçadas e discutindo acaloradamente as ideias que uns ou outros expandiam conjuntamente, e rindo dos nossos apartes. Como estudantes de filosofia, tínhamos, em dois semestres, a cabeça cheia de perguntas fundamentais. Depois prosseguimos. O Vale do Aniene parecia não ter fim, eu suava no meu escuro hábito de monge, a mochila pesava, mas, no cair da tarde, a caminhada terminou. Aliviados, ocupamos nossos quartos no mosteiro dos capuchinhos em Fiuggi.

Os capuchinhos perceberam o nosso esgotamento, e logo se apressaram e prepararam um verdadeiro banquete. Nós deveríamos tomar lugar no refeitório imediatamente, antes de todos os demais. Depois eles serviram montanhas de espaguete com molho de tomate e parmesão, que mesmo caminhantes famintos como nós dificilmente aguentariam. Mas, se pensávamos que seria só aquilo, estávamos enganados. À noite nos serviram grandes tigelas com batatas e legumes e pratos cheios de carne. Fizemos o que pudemos, mas simplesmente não podíamos dar conta de tudo. Impressionados com tanta amabilidade e zelo, mas desesperadamente exaustos, cedemos ao cansaço; com as últimas forças nos arrastamos para os nossos aposentos, caímos pesadamente em nossas camas e adormecemos imediatamente.

Depois do desjejum, o prior nos fez um sinal, que entendemos como um pedido de que o acompanhássemos. Bem que gostaríamos de partir imediatamente, mas, como não queríamos ser indelicados, o seguimos até a biblioteca. Lá experimentamos mais uma especialidade culinária, um copinho de licor de fabricação própria, preparado segundo receita também interna. Era um fortificante, disse o bom prior, para a nossa estirada até Montecassino. Aliás, pensando bem, mais um copinho era bom para reforçar. Mas nada de terceira dose! Partimos animados e, com o mesmo ânimo, chegamos, ao meio-dia, à Abadia Casamari, um maravilhoso trabalho da arte gótica cisterciense. Dessa vez fomos mais moderados na comida, mas, à despedida na manhã seguinte, mais uma vez fomos persuadidos a aceitar um licor de mosteiro.

Prosseguimos a passo firme, contornando a rodovia asfaltada e seguindo por uma trilha de pedestres, e, no caminho, nos dirigimos a um velho camponês. Ah, então éramos alemães. Ele entendia o alemão perfeitamente! Ali mesmo, diante da sua casa, o "Generale Keesselring" (como lá chamavam o General Kesselring) passara marchando com seus soldados. Ficamos intrigados, mas sua admiração pelos alemães era indiscutível, bem como o orgulho que sentia por ter sido testemunha ocular daquela marcha. Os soldados alemães, disse ele, tinham uma disciplina exemplar. Disciplina e respeito com as mulheres – o que ele não podia afirmar quanto aos aliados que vieram depois. Depois ele pediu que esperássemos um pouquinho, entrou em casa e voltou com três garrafas de vinho branco e onze ovos. Um presente, para consumo em trânsito, por causa do General Kesselring. E, de fato, conseguimos preservar os ovos crus durante o dia.

Ao entardecer do mesmo dia, nos alojamos com os dominicanos de Aquino. Eram só dois, mas com prazer se deram ao trabalho de cozinhar para nós. Naquela janta, uma garrafa de vinho e quatro ovos se foram, de modo que nos sobraram duas garrafas e sete ovos, que, na manhã seguinte, guardamos novamente com cuidado e carregamos conosco durante horas, até onde eu aguentei. Achei que ovo cru misturado ao vinho daria um excelente almoço, mas fiquei sozinho com minha ideia. Meus companheiros não se convenceram. Ovo cru? Nem pensar. Então dividimos a tarefa: os outros tomaram uma das garrafas de vinho. Eu quebrei todos os ovos na borda da minha tigela de asseio, derramei vinho, mexi com o meu canivete e bebi aquela papa. O resultado foi que, na última parte do caminho, me senti bem fortalecido.

Mas também fiquei feliz quando, no final da tarde, surgiu diante de nós a Abadia de Montecassino, situada numa encosta. Descansamos à sombra de uma árvore, entregando-nos à impressão que a imagem do imponente mosteiro nos causava. Bento devia estar na faixa dos 50 anos, quando ali chegou no ano 529 – portanto na idade exata para dar início a um novo projeto. Lá em cima ele compôs a Regra da ordem, que se tornou norma básica para seus monges e linha mestra para muitas outras ordens. Que imenso significado aquela abadia adquiriu na história do Ocidente! O Papa Gregório o Grande assinalou Montecassino como o lugar que geraria uma nova linha de conhecimento, depois que a Academia de Atenas foi fechada naquele mesmo ano. E bem que ele estava certo. A construção de uma civilização cristã na Europa do início da Idade Média ocorreu, basicamente, sob a influência dos beneditinos e seu tipo especial de espiritualidade, a devoção unida à atividade. Entretanto, Montecassino sofreu algumas devastações: já em 577 os longobardos aniquilaram o mosteiro, e em 1944 sofreu um bombardeio aliado.

Chegando em Montecassino, fomos saudados com extrema simpatia por um velho irmão. Ele não se deixou enganar. Quatro jovens beneditinos alemães em busca das origens de sua ordem só podiam ser peregrinos – e assim, de acordo com o velho costume, ele nos beijou as mãos, antes de nos conduzir às nossas acomodações. O abade também nos concedeu sua atenção especial. Fomos convidados a participar com todos os outros da refeição noturna, no grande refeitório dos monges, e logo nos vimos numa troca de ideias com toda a comunidade, onde nos esforçamos ao máximo para não parecer santos demais. Já que não se podia mais evitar que todo mundo nos considerasse peregrinos, queríamos ao menos evitar os clichês mais óbvios de peregrino.

Outro dia visitamos o cemitério de soldados alemães de Caira, abaixo de Montecassino, dedicado aos jovens que morreram no bombardeio aliado sobre o mosteiro. A insanidade da guerra ali me ficou tão nítida como nunca antes; mas nossa comoção não nos impediu de sentir um forte apetite por volta do meio-dia, e, cheios de expectativa, entramos numa *trattoria* em Caira.

Não nos perturbamos com a sexta-feira – pedimos bisteca, um belo talho de carne, maior que um bife, mas não tão grosso. A refeição da noite anterior na abadia, com ovos estrelados, espinafre e pão, tinha sido muito espartana, e – como já foi dito – não éramos peregrinos do tipo costumeiro. O cantineiro recebeu impassível o nosso pedido, mas logo voltou da cozinha com uma expressão estarrecida – então não sabíamos que era sexta-feira? A bisteca não seria possível. O que ele poderia nos oferecer em substituição eram suas postas de lula assadas no azeite, também muito saborosas... O homem estava realmente preocupado com a salvação das nossas almas. Nenhum de nós estava a fim de lulas, mas, antes que puséssemos o homem num drama de consciência, resolvemos aceitar. Debruçados sobre as nossas gordurosas lulas, abandonamos definitivamente a ideia de sermos viajantes comuns.

Provavelmente, na forma em que passamos aquela semana nas Montanhas Sabinas, teríamos nos encaixado bem no grupo de peregrinos que Geoffrey Chaucer descreveu em seus *Contos de Cantuária*. Com nosso gosto pelo debate, ganharíamos a simpatia de todo escolástico medieval, e a nossa aversão às demonstrações de santidade também seria partilhada por eles. Além do mais, em nenhum momento fraquejamos ante a visão de um ponto de ônibus e, à boa e velha maneira do peregrino, caminhamos de mosteiro em mosteiro – onde, sem exceção, fomos acolhidos com a hospitalidade de sempre, com a qual os peregrinos medievais também podiam contar.

A hospitalidade monástica é algo que não mudou ao longo de séculos. E é uma coisa maravilhosa. E só como algo maravilhoso poderia avaliá-la alguém que alguma vez procurou alojamento em vão e viu como o pânico ia crescendo quando, sem ter feito reserva, corria de hotel em hotel e constatava: estão todos lotados ou fechados. Quando, tarde da noite, alguém anseia por um alojamento, sente um aperto no coração – imagine a bênção que, no passado, a hospitalidade de um mosteiro deve ter sido para os viajantes.

Observamos aqui um aspecto fundamental do cristianismo, pois o mesmo é uma religião prática e, se os mosteiros se definem como lugares de se buscar a Deus, essa busca não se realiza só no santo egoísmo da imersão meditativa, isolando-nos do mundo exterior, mas também na abertura amorosa diante de todas as dificuldades e necessidades de outras pessoas. Neste sentido, São Bento induziu fortemente a hospitalidade no coração dos seus monges: "Todo hóspede que chega deve ser recebido como o próprio Cristo", ele escreve no capítulo 53 da Regra. E, como em sua época já havia peregrinos em trânsito, ele acolhia esses grupos de modo peculiar: "Os maiores cuidados e atenção destinam-se à acolhida dos pobres e dos peregrinos, porque eles, mais que quaisquer outros, acolhem o Cristo em si; pessoas ricas, por sua vez, estão bem de vida, o que faz com que sejam honradas automaticamente".

Bem entendido, a hospitalidade monástica se destina justamente àqueles que vêm sem aviso, aos que chegam de surpresa, ou seja, os desconhecidos, os totalmente estranhos. Mas para Bento não basta saber que essas pessoas estão sendo cuidadas e abrigadas; mais que isso, ele exorta seus monges a tratar inclusive o peregrino cheio de piolhos e maltrapilho como se ele fosse um enviado de Deus, um anjo, o próprio Cristo mesmo. Na visão de Bento, de preferência o abade em pessoa deveria atender esses estranhos. Ele inclusive enumera as atenções a serem dispensadas: à entrada, dá-se ao peregrino o beijo da paz, oferece-se água para as mãos, lava-se os pés, serve-se comida a qualquer momento, quando necessário, hospeda-se com uma cortesia que vem do coração, faz-se companhia às refeições e cuida-se para que as acomodações estejam de acordo. Portanto, o que Bento exige vai muito além de um bom serviço, é um atendimento que restaura os esgotados e exaustos, mas também os desanimados e desiludidos de corpo e alma.

Foi justamente este tipo de hospitalidade que nós vivenciamos diversas vezes entre Subiaco e Montecassino. E devo dizer:

nenhum hotel de luxo nos impressionaria tanto. Nos mosteiros entende-se por conforto algo muito diferente que nos hotéis, ou, melhor dizendo: mosteiros oferecem conforto no sentido autêntico e original da palavra – não propriamente comodidade, mas apoio, fortalecimento e ânimo, pelo convívio comunitário. Pode ser que a bela e velha palavra "alívio" tenha surgido nos mosteiros. Mosteiros ficam, portanto, em cada lugar específico onde se possa absorver força e, como arquiabade em Sankt Ottilien, guiei-me por esta ideia, quando mandei construir, bem perto da entrada, duas dependências para hóspedes inesperados – para "irmãos andarilhos", como se dizia antigamente. Conosco, eles têm à disposição quatro beliches, bem como um chuveiro e uma banheira, além de serem bem alimentados, não com "sopas de pobre", mas com a mesma comida de todos.

Quando eu era um jovem estudante em Santo Anselmo, não acreditaria que um dia seria hóspede permanente nos mosteiros beneditinos desta Terra. Mas assim tem sido de uns trinta anos para cá. Em minhas viagens dependi tanto da hospitalidade desses mosteiros, que, há muito tempo, ela já é automática para mim. Às vezes, porém, passo por experiências ainda mais surpreendentes, e essas situações me ficam na memória. Surpresas como aquela que me proporcionou a madre superiora das beneditinas nas Filipinas.

Lembro-me de que cheguei um tanto esgotado ao aeroporto de Manila, e só tinha concluído uma pequena parte da viagem. O mosteiro que eu pretendia visitar ficava no norte da ilha, e, com pavor, eu pensava nas nove horas de ônibus que ainda tinha pela frente. Nossa madre superiora me recebeu no aeroporto, e fiquei aliviado por ela ter reservado para nós os primeiros lugares no ônibus; na dianteira, pode-se pelo menos esticar as pernas. Mas depois ele fez algo pelo que fiquei realmente grato: tratou-me como seu convidado pessoal. Mal alcançamos a rodovia, a primeira coisa que ela fez foi retirar de sua grande bolsa uma toalha, que colocou sobre meus joelhos como um pano de mesa; em seguida fez surgir um frango assado e, para completar, pôs-me na mão uma garrafa de Coca-Cola®.

Sinceramente, numa situação normal eu não gostaria de ganhar nem frango nem Coca-Cola®. Mas naquele momento, depois do cansaço do voo demorado, aquilo foi uma bênção – principalmente pela amabilidade que a madre superiora demonstrou com aquele pequeno banquete improvisado. O que haveria de melhor do que receber as boas-vindas com um tal gesto de simpatia?

Em viagem, somos agraciados com gentilezas singularmente hospitaleiras. Quando, após centenas de quilômetros de jipe ou ônibus interurbano, chego finalmente ao destino, fico feliz ao receber as boas-vindas de pessoas que podem se sentir na minha situação. Na Tanzânia, por exemplo, os hóspedes chegados de longa viagem são recebidos com as palavras "*pole na safari*", o que pode ser entendido como: "eu posso avaliar o cansaço da sua viagem". E devo dizer: é bom quando alguém manifesta prontamente a sua simpatia, quase faz esquecer os estresses da viagem. Mas isso não fica só nas palavras, principalmente na África e Ásia. Lá sempre constato que o hóspede é recebido com uma deferência plenamente sintonizada com o pensamento do nosso fundador. Em todo mosteiro indiano, como saudação, colocam-me uma guirlanda de flores no pescoço. Na China, refeições opulentas são tradicionais demonstrações de hospitalidade. E, em minhas visitas à África, às vezes ocorrem extraordinárias manifestações de contentamento.

Nunca vou esquecer a recepção que me prepararam no mosteiro de Katibunga, no Zâmbia. Íamos para lá de jipe e, a alguns quilômetros da chegada, éramos aguardados por um efusivo grupo. Eram os monges e os moradores do próximo vilarejo, e tinham providenciado um caminhão, no qual eu deveria percorrer o último trecho do caminho. Passei, então, de um veículo para o outro, acomodei-me na carroceria aberta e lá fui eu, em velocidade de caminhada, enquanto a multidão seguia a pé. Ao meu redor, cantavam, dançavam e batiam palmas – um verdadeiro cortejo triunfal. O hóspede se sente mesmo como um rei, quando ele é a causa de tanta alegria.

Em outros casos, a visita pode ser envolta em pleno silêncio, numa atmosfera de austeridade e meditação, e, ainda assim, ser inesquecível. Fui hóspede por dois dias num mosteiro da Guatemala, cuja comunidade era, na maioria, descendente dos maias, pertencentes, portanto, à população indígena pré-colombiana. Eu não sabia se gostaria de ser visto como europeu, pois os maias da Guatemala são, desde tempos remotos, ludibriados e perseguidos pelas elites de origem espanhola. Não teriam esses monges indígenas todas as razões para encarar também a mim com reservas?

Não foi assim. À entrada me saudaram com uma grande cruz de madeira, em cujo topo estava escrito *Bienvenido*. Nos braços haviam escrito o meu nome. E, nas extremidades, bem como na base, haviam fixado máscaras de animais – uma cabeça de jaguar, uma de touro e uma de pantera. Fiquei surpreso. Eles me explicaram que usavam aquelas máscaras em suas festas e que elas protegiam contra o poder do mal derrotado por Jesus Cristo. Entendi: não era folclore. Aquelas pessoas sabiam do que estavam falando; já tinham passado por muita coisa ruim.

Assim, esperavam o apoio de seu hóspede em sua luta contra o mal. Eu deveria dar suporte e esperança. Com tal expectativa eles me recebiam.

Durante as 24 horas seguintes fiz parte de sua comunidade. Eu era o pai e eles a família. Lá não se festejava, não se dançava nem se cantava. Os maias são contidos, abrem-se aos poucos, comportam-se discretamente. Mas tudo entre eles acontece com um fervor sério e sincero, a prece, a refeição, bem como a conversa noturna em seu alojamento simples. No dia seguinte houve uma pequena cerimônia de despedida. Os monges acenderam uma fogueira no pátio, jogaram resina nas chamas, até subir uma fumaça densa, quando começaram, um após o outro, a postar-se diante de mim, cada um com uma vela, pedindo-me a bênção. Foi a mais valiosa bênção que seu hóspede lhes poderia conceder, e logo me senti tão agraciado quanto eles. Foi maravilhoso sentir como a confiança deles cresceu durante o curto espaço de tempo que passamos juntos. Esta confiança foi o melhor presente de despedida que eles poderiam me dar.

É claro que eu sei muito bem que não viajo como peregrino anônimo, e sim como abade primaz e, portanto, costumo desfrutar do tratamento especial que se dá aos convidados de honra. Mesmo assim, para mim vale a regra não escrita segundo a qual não há hospitalidade sem retorno. Tem que ser retribuída com gratidão e respeito – sim, no fundo é exigida de mim a mesma humildade que se exige de qualquer peregrino que bate à porta de um mosteiro. Não se pode reivindicar hospitalidade. Só se pode pedir acolhida humildemente, e, se ela for concedida, deve-se ter paciência com o que venha a ocorrer. Só não pode constranger o anfitrião! Por exemplo, na China quem é convidado a uma refeição deve, se possível, comer de tudo o que está na mesa, desde pescoços de tartaruga, cobras, até carne de cachorro. Pois todo mundo fica de olho, e todos registram muito bem se o convidado está gostando. Não pode, em hipótese alguma, ser seletivo, e também tem que demonstrar gratidão e satisfação, por mais que o programa esteja enchendo a paciência ou a comida não esteja exatamente gostosa.

Em outras palavras: há também um tipo de hospitalidade que o hóspede deve ao anfitrião, e consiste em facilitar ao máximo seu desempenho como hospedeiro. Hospitalidade é algo que se demonstra mutuamente. Neste sentido, sempre me esforcei por aprender o melhor possível os idiomas dos países para onde viajo regularmente, para oportunamente utilizar o conhecimento obtido. Na Tanzânia, por exemplo, na ocasião dos 25 anos da Abadia de Hanga, eu fiz o sermão em Swahili, como sinal de afeto pelo país e pelo povo, mas também como agradecimento pela hospitalidade. Todos esperavam que, após a saudação, eu fosse passar para o inglês, e todos se animaram quando prossegui no idioma deles.

Observamos aqui uma terceira virtude do peregrino. Além do ânimo para a partida e da perseverança, considero indispensável a capacidade de adaptação. O peregrino está constantemente envolvido com pessoas, sempre envolvido em conversações com companheiros de viagem e habitantes locais, orienta-se com o auxílio de outras pessoas, absorve muito de seus costumes; de qualquer modo, entra em contato mais estreito com estrangeiros do que na sua vida diária. A peregrinação é uma vivência comunitária, mesmo que, de vez em quando, alguém caminhe totalmente só e por si só – e pessoas antissociais e desagradáveis dificilmente poderão desfrutar das alegrias da peregrinação. Mas não se trata de ficar adulando todo mundo em todas as situações. O importante é, na verdade, sabermos conviver da melhor forma possível com os outros – e, por fim, voltar para casa com a constatação dos peregrinos medievais, de que o mundo é maior e mais rico do que se pensava. Isto se aplica tanto ao mundo de ontem quanto ao de hoje, apesar do avião, apesar da TV, apesar da internet.

Assim sou visto, em minhas viagens, basicamente na situação de um peregrino. Minha vida consiste em incontáveis encontros com pessoas dos mais diversos grupos culturais, o que nem sempre ocorre sem incompreensões iniciais, pois, após a primeira impressão, começam a se tornar visíveis as diferenças culturais que me separam de um bispo africano, um confrade coreano, uma irmã chinesa. Às vezes, após a segunda impressão, dou-me conta de como pensamos de forma diferente. Mas normalmente esses obstáculos são vencíveis, se nos aceitamos uns aos outros.

Um livre intercâmbio de ideias pode ser de grande ajuda, mas raramente funciona só com palavras. O melhor é ficar atento desde o início. Por meio de uma observação cuidadosa, costuma-se perceber mais a respeito de outras pessoas do que através do diálogo, e muitas vezes é mais revelador participar, por algum tempo, da vida das pessoas em questão, passar uma noite num barraco de barro no Haiti, ou uma semana num mosteiro no meio da selva no Togo. Eis, portanto, o valor adicional da hospitalidade: ela não apenas proporciona ao hóspede os conhecidos benefícios práticos, mas também o aproxima das características da vida e do modo de pensar do anfitrião, e, com o crescimento da familiaridade, o entendimento se estabelece aos poucos. Incomodidades são situações que eu aguento com prazer. Em comparação com as novas experiências que obtenho, elas quase não significam nada, e, salvo uma coisa ou outra, a adaptação a outros hábitos não me causa dificuldade.

Por outro lado, quando falo em adaptação, não me refiro à anulação de si mesmo. Não falo do autossacrifício daqueles que, maravilhados com uma cultura estranha, preferem despir a própria pele e mudam de identidade. Com esse tipo de adaptação perde-se mais do que se ganha. Assim não dá. Para mim, adaptação significa envolver-se no desconhecido, participar do contexto, não temer contatos. Para o peregrino, isso pode significar visitar as igrejas no meio do caminho, procurar aproximar-se de um determinado santo, participar de missas e preces – ainda que, no momento da partida, estivesse pouco ou mesmo nada ansioso por experiências religiosas. Para mim significa aprender de outras culturas e absorver outras formas de comportamento que antes eu não tinha em meu repertório.

A paciência, por exemplo, sendo que a paciência é um resultado generalizado da viagem. Sejam quais forem os países e as culturas, cada viagem é uma lição de paciência. Nunca está tudo nos conformes e, recentemente, no aeroporto de Roma, alguém ficou uma hora aguardando a bagagem e depois viu que havia tomado o caminho errado. Neste sentido, ficou inesquecível para mim a primeira viagem que fiz à China, em 1984. Eu estava com um confrade no saguão da estação da cidade de Shenyang, no nordeste da China, na fila em frente ao guichê. Quando, após horas de espera, finalmente chegamos à bilheteria, a senhora por trás do vidro simplesmente abanou a cabeça e explicou que havia um guichê específico para estrangeiros no primeiro andar. Lá fomos nós de novo, só para constatar, depois de aguentar estoicamente mais uma hora, que o nosso dinheiro não servia ali, porque aquele guichê só operava com moeda chinesa. Tivemos, então, que esperar mais uma hora, numa terceira fila, até termos nossas passagens nas mãos...

Mas, além das pequenas e grandes provas de paciência, que o próprio trajeto já impõe, o relacionamento entre pessoas de culturas diferentes sempre exige uma grande proporção de paciência. Justamente nos países do Extremo Oriente, nós europeus [sic] não vamos muito longe com nosso jeito afobado. Na China, e também na Índia, aprendi a me desligar, ficar no meu canto, aguçar o ouvido, prestar atenção e respeitar as sensibilidades do interlocutor. Na África também é preciso dispor de muito tempo, mas, em matéria de paciência, os africanos me ensinaram algo mais, algo igualmente precioso, nos termos: de quão pouco o homem necessita para ser feliz! Estar no mundo já é, por si só, um motivo de alegria. Sentir a vida de forma tão positiva... Nós europeus [...] podemos aprender isto, assim de modo pleno? Eu pelo menos tento. Às vezes, porém, a minha capacidade de aprender esbarra em seu limite, e tenho que deixar de lado aquele bom estado de ânimo que o hóspede deve ter para com o anfitrião. Isso me aconteceu certa vez no Zâmbia.

Eu estava percorrendo a capital, Lusaka, com o bispo de Mbala. O próprio bispo estava ao volante do seu jipe, íamos conversando e, de repente, ele freou no meio do caminho. "Eu vi uma coisa", disse ele, e pegou seu chapéu, desceu do veículo, correu até uma pequena loja, um pouco recuada da rua, e voltou com um ar radiante e o chapéu cheio de larvas assadas. "Eu adorava isto quando era criança", ele explicou. Colocou o chapéu entre os assentos, pegou um punhado e me convidou a fazer o mesmo. Não fiz. "Estou com a minha larva na boca", disse eu rindo, e puxei fumaça do cachimbo. Ele também riu. "Não o levo a mal", ele disse. "Eu sei como é. Uma vez em que estive no Canadá serviram caranguejos como entrada. Que coisa nojenta! É claro que eu nem toquei naquilo. Desde então fiquei sabendo: o que numa cultura é tido como *delicatesse*, numa outra pode ser intragável". E, antes de retomar o caminho, afundou mais uma vez a mão no chapéu...

O ambiente estrangeiro sempre nos prega essas peças. Principalmente na área da culinária. É a velha história – se tomarmos Aymeric Picaud ou Arnold von Harff como exemplos, a aversão a comidas estrangeiras é às vezes insuperável, e parece que São Bento também conheceu este problema. De qualquer modo, ele observou em sua Regra que os gostos são diversos, e determinou que, a cada hora de refeição no mosteiro, dois pratos quentes diferentes fossem trazidos à mesa. Com certeza, em primeiro lugar ele pensava em seus monges, entre os quais alguns eram godos, portanto gente acostumada com uma comida diferente da culinária italiana da época. Mas também tinha em mente os viajantes e peregrinos. Portanto, os hóspedes de um mosteiro beneditino não só tinham o direito de serem servidos fora das horas oficiais de refeição, como podiam também escolher seus pratos. Esta instrução de Bento também reflete a generosidade, que é um atributo da hospitalidade. Quem julgaria capaz de tanto zelo pelo bem-estar de outros um homem que, na juventude, levou vida de eremita nas Montanhas Sabinas, em autossuficiência absoluta?

# 14

## "Doe-se a si mesmo!"

*Por que não devemos parar de perguntar qual é o sentido da vida?*

Para onde peregrinamos? Sabemos? Queremos saber com exatidão? A ideia da meta nos enche de esperança ou de angústia?

Se olho ou escuto ao redor, percebo diversas coisas. Uma delas é o excesso de metas, essa onda de metas de férias e de viagem, de trabalho e de vida. Por toda parte se fala de formulações de metas; na economia, as metas de empreendimento; na política as de negociação; no esporte as de treinamento, e todas essas metas são ligadas a promessas de êxito ou, usando uma palavra antiga, *prenúncios*. Quase se poderia determinar as metas que mais nos importam. E assim as crianças já aprendem no jardim de infância a se submeter a metas e finalidades específicas. Parece indiscutível que a nossa vida deve estar direcionada a algo.

E, por outro lado, eu penso: conduzimos nossas metas pelos caminhos mais curtos, como se toda trajetória fosse pura perda de tempo, como se a meta justificasse qualquer atalho – mas depois gostamos de ver que a coisa só pode funcionar, e que a trajetória só continua, com paradas intermediárias e etapas de percurso. A ideia de um dia não percorrermos mais caminho algum é inaceitável. A ideia de que chegamos ao ponto final... Esta é assustadora. À chegada, logo sucede a próxima partida, não existe ponto final, é preciso prosseguir. Mas, como já foi dito, o caminho, por si só, é pouco para nos estimular. Para onde quer que se vá, o tempo de qualquer viagem é medido em horas, de modo a reduzir ao máximo todo esforço, o que importa é chegar. Ao que parece, aspiramos como ideal uma vida de caminhos curtos e objetivos pequenos e temporários. Em outras palavras: uma vida volátil.

Neste caso, a peregrinação está irreversivelmente ultrapassada. Enfim, uma rota de peregrinação deve ser, em toda sua extensão, experimentada e vivida, sentida no prazer e na dor, e direciona-se a um destino sem retrocesso, um lugar distante no qual termina a viagem. Quem peregrina hoje em dia precisa rever seus conceitos, tem que lidar com coisas as quais não está habituado, uma vez que escolheu um caminho longo e difícil, mas tendo em mente que a chegada compensa o esforço. Ou seja, a prática da peregrinação não prevê objetivos padronizados. Não se pode computar depois um custo-utilidade-saldo. Vista sob este ângulo, a peregrinação é, de fato, uma ruptura com as concepções modernas.

Isto pode ser compensado por meio de vivências mais amplas. Por exemplo, a vivência – na medida em que nos sintamos estimulados – de um objetivo determinado, distante e grandioso, em vez desse somatório confuso de metas pequenas e de curta distância. Crescemos em espírito na medida em que, não nos contentando com metas de curta distância, voltamo-nos a expectativas maiores. Há também a vivência da alegria de finalmente chegar após uma viagem cheia de tropeços. Chegamos! Esta sensação de felicidade abrange tudo que acontece num ponto de peregrinação. Ali se partilha com outros a alegria da chegada, ali podemos nos sentir fortalecidos pelo alívio de encontrar descanso, por poder relaxar. E pode ser que cada chegada se associe ao sentimento de termos encontrado um lar.

Assim, as experiências de peregrinação têm a propriedade de nos fazer mudar de vida positivamente, e, neste sentido de mudança, a chegada também pode significar o encontro consigo mesmo. Isto é, para mim, um objetivo de vida – e, ao mesmo tempo, uma tarefa que sempre me põe diante do novo, pois sou tão passível quanto qualquer outro de me perder no turbilhão da vida. Como é fácil a gente negligenciar os próprios deveres e os direitos dos outros, ficando cada vez mais alheios a isso. Com que rapidez, no frenesi do dia a dia, nos transformamos num companheiro de corrida sem resistência e pulamos fora! Não, eu não me queixo, nada tenho contra alguém ser cobrado por muita gente. Mas eu só posso estar à disposição de outros se estou plenamente comigo mesmo, se, em meio a isso, sempre retorno a mim.

Eu rezo por isto. A prece me facilita o encontro comigo mesmo. Eu não me procuro em mim. Não me concentro em minha própria pessoa. Na verdade, afasto-me de mim, saio de mim literalmente, dirijo meu pensamento a Deus e, então, constato que quando rezo alcanço a paz, chego a Ele. Conversando com Deus reencontro também a mim mesmo. Na prece tenho a sensação de ir para casa. Ocorre-me o mesmo que ao peregrino, que deixa para trás sua vida pregressa, que concentra todos os pensamentos e forças no longínquo destino e, no final do seu caminho, após deixar para trás sua vida antiga, encontra a si mesmo. Afastar-se de si mesmo para chegar a si mesmo – parece um paradoxo, e é um paradoxo. O entendimento e sua lógica rejeitam essas contradições. Só no experimento consigo mesmo é que alguém pode comprovar a exatidão de uma sequência tão paradoxal, e o peregrino pode até vir a constatá-la no próprio corpo.

Ser arrastado na correnteza da vida, sem sossego, sem pontos de apoio, tornar-se um fugitivo, fugitivo de si mesmo – este é, com certeza, um grande problema dos nossos dias. Mas não é um problema novo. Há algum tempo caiu-me inesperadamente nas mãos um texto medieval que trata justamente disso, do perigo de alguém perder a si mesmo e da necessidade de se reencontrar. Era uma carta da autoria de São Bernardo de Claraval (1090-1153), dirigida a alguém que se consome, desgasta-se e se dispersa na vida, alguém evidentemente habituado ao ativismo sem meta. A carta é uma advertência urgente, destinada ao Papa Eugênio III, outrora aluno e confrade de Bernardo. Fiquei estupefato quando a li. Ela soa tão atual que poderia destinar-se, com igual propriedade, a um empresário ou político de hoje, exceto pelo fato de que hoje poderia nos faltar a coragem de Bernardo, a coragem de falar claro e de identificar as más consequências trazidas pela perda de si mesmo.

Bernardo sabe o quanto pode embotar-se alguém que se entrega totalmente à árida rotina do trabalho diário. "O Papa Eugênio ainda tem sensibilidade plena?", ele pergunta. "Receio que este homem ainda sofre sob o efeito do estresse que impõe a si mesmo." Continua ele em sua carta: "Que tu, preso em teus incontáveis afazeres, não vês mais saída alguma e, assim, endureces tua mente; pouco a pouco te afastas da percepção de uma dor plena, adequada e saudável. Seria muito prudente que saísses de vez em quando dos teus afazeres, quando estes te arrastam e, pouco a pouco, te levam a um ponto onde não queres pousar. Perguntas que ponto é este? É o ponto onde o coração endurece. Não perguntes agora o que isto quer dizer; se não te assuntas agora, teu coração muito menos".

E não conhecemos bem essas pessoas que se transformam em autômatos e, como autômatos, só agem em função do seu trabalho, não fazendo outra coisa a não ser *funcionar*? Bernardo define esta situação como doença, a doença do coração endurecido. E encontra palavras drásticas para expressar a ausência de sentido de uma existência como essa, que perdeu os relacionamentos, perdeu todas as referências, perdeu o próprio *eu*. "Para o coração endurecido nada é digno de ser lembrado, a não ser as ofensas", ele escreve adiante: "Nada importa no presente, nada no futuro, para que ele possa se observar ou parar, e pode até ser que seja levado a um ato de vingança. E, para dar um nome sucinto a todo o mal dessa doença terrível: um coração endurecido é o medo de Deus e o sinal para que os outros mantenham distância". E, assim, de nada adianta toda a operosidade a serviço dos outros, na qual vivia o Papa Eugênio. Não leva a nada, porque um homem que não beneficia a si mesmo nada pode fazer por outros. "Como podes ser genuinamente um ser humano", pergunta-lhe Bernardo, "se perdeste a ti mesmo?" E continua: "Não serás um estranho para ti mesmo? E não és estranho a todos, já que és estranho a ti? Sim, quem lida mal consigo mesmo, para quem poderá ser bom?" Para Bernardo, só existe um caminho para que as pessoas esquecidas de si saiam dessa miséria: "Doa-te a ti mesmo!", assim ele exorta o papa. "Eu não digo: faze sempre isto, faze isto com frequência, mas digo: volta sempre a fazê-lo." Em outras palavras: volte sempre ao seu ponto de partida, isto é, a você mesmo.

Essa carta tem quase 900 anos, mas nada nela ficou obsoleto em função das mudanças dos tempos. Nitidamente, em todas as épocas sempre foi considerado um perigo a hipótese de alguém perder a si mesmo numa vida dispersiva, e as coisas que o Papa Eugênio deve ouvir de Bernardo, em circunstâncias parecidas, serão prudentes e adequadas também para nós. Pelo menos até este ponto. Neste sentido, Bernardo se manifesta em sua exortação: "Doa-te a ti mesmo!" – e não recomenda aí um programa de comodidades, como imaginaríamos hoje, e sim o retiro na contemplação. A reflexão sobre o destino divino do ser humano. Não é para sentir o corpo, mas a alma, o elemento pelo qual nos mantemos unidos a Deus.

Basicamente, eu falo aqui das experiências de Bernardo que eu mesmo realizo na oração, mas qualquer pessoa pode realizar isto, tendo em mente o seguinte: o caminho para si mesmo passa por Deus. Se eu faço oração ou entro em contemplação, seja como for me afasto de mim mesmo, volto-me para Deus e assim alcanço uma referência fora do mundo que me aprisiona. Isto liberta, pois aquele que contempla a si mesmo na luz divina obtém um vislumbre das verdadeiras dimensões, que então se revelam. Pode então distinguir o importante do que não importa, não mais superestima o próprio ego, não mais subestima as próprias forças. Mas também pode admitir suas fraquezas sem por isso perder o ânimo, porque toda comunicação com Deus nos fortalece na fé: não temos mais que fazer tudo sozinhos. Deus vem em nosso socorro com sua bênção. Ele provê o êxito. Em outras palavras: na oração e na contemplação eu chego a uma valorização realista da minha pessoa e reencontro a mim mesmo.

Isto é o essencial. É essencial tomar uma plena decisão na vida, pois este é o pré-requisito para a verdadeira autorrealização. Uma autorrealização que não descamba na ostentação do ego, nem no sentido de impor a todo custo os interesses pessoais, e sim aquela que desenvolve plenamente a humanidade pessoal. Assim sendo, ao aconselhar o Papa Eugênio a reservar mais tempo para si mesmo, Bernardo une esta advertência à exortação no sentido de restabelecer sua relação com Deus. Assim ele menciona Deus e os seres humanos ao mesmo tempo, quando adverte o papa quanto ao seu afastamento simultâneo de Deus e da humanidade. Bernardo não se refere, portanto, a qualquer valor cristão, não fala de humildade, amor ao próximo ou altruísmo. Mais que isso, ele chama atenção para aquilo que constitui a essência de uma vida vitoriosa e plena de graça: a sintonia direta com Deus.

O encontro de si mesmo e o desenvolvimento da própria condição humana, numa autorrealização corretamente entendida, são, portanto, apenas metas intermediárias. A última, a grande meta é Deus. Tenho certeza, os próprios valores cristãos perdem o sentido, quando esta sintonia com Deus se desfaz. Isso nós constatamos de forma dramática, quando nossas certezas ameaçam desmoronar. Se não queremos ser levados pelo ódio, raiva e ira, precisamos ter uma fé inabalável no poder do amor, pois o amor é mais forte que toda fúria e maior que toda decepção. A agitação interna opõe-se à certeza de que o amor leva a Deus, de que agimos de acordo com a vontade divina quando oferecemos perdão e desejamos reconciliação. A crença na vitória do amor se fundamenta no amor do próprio Deus; assim sendo, só esta crença pode nos servir de guia através da vida. Isto é pensamento cristão, certamente, mas não se aplica só ao cristianismo. Quase todas as culturas têm suas bases nos valores éticos da religião, quase na totalidade elas buscam sua força vital em sua origem divina.

Em termos especificamente cristãos, a crença baseia-se no conceito do encontro com Deus como objetivo final e verdadeiro da vida humana, nossa razão de ser. O antigo catecismo católico formula este objetivo de modo mais simples. Assim diz a primeira pergunta: "para que o homem está na Terra?", e a resposta vem com a afirmação lapidar: "para ir para o Céu". Isto significava e significa: o alinhamento do ser humano com Deus encontra, na morte, a sua plenitude, e esta significa que participamos da glória eterna com o Cristo ressuscitado. É esta a resposta da fé cristã à pergunta sobre o sentido da vida, e não posso imaginar um objetivo de vida mais belo do que este.

Curiosamente, neste assunto hoje faço parte da minoria. Observando os debates, cartas ao editor e conversações privadas, percebo que a crença numa vida eterna é veementemente rejeitada por muitos, como uma mentira deslavada, uma desprezível tentativa de consolo, abaixo do nível das pessoas esclarecidas. Não é só o inferno que não pode existir, mas também o Céu; e quem pensa diferente provoca expressões de lástima, como se estivesse sob efeito de um imperdoável autoengano. Um objetivo de vida como este é melhor não ter! Com a morte tudo acaba, a maioria está certa disso.

De onde vem esta certeza? De onde vem esta preferência pela desesperança? Não sei. Mas de uma coisa eu sei: quando a vida perde seu alinhamento com Deus, só resta o alinhamento com a morte. Então todos os nossos outros objetivos resultam da ideia de que o fim é mesmo um fim – e todos forçosamente têm que correr para extrair da vida o máximo possível, antes que o caixão baixe à terra. Há um termo técnico para isso: crescimento. É o credo daqueles que acham que tudo simplesmente se multiplica, que tudo está constantemente aumentando: a produção, o PIB, a prosperidade, a cilindrada; mas também o reconhecimento, o poder, o êxito e a felicidade.

E os motivos disso saltam aos olhos. É fácil perceber a natureza ilusória desta idolatria voltada à prosperidade e ao crescimento materiais. Em primeiro lugar porque objetivos materiais não fornecem um sentido para a vida, são apenas metas de percurso, em meio à rota para o nada definitivo. Em segundo lugar porque a crença no crescimento ilimitado de produtos e mercadorias não cumpre o que promete. A capacidade da Terra não é inesgotável. E cada vez mais se verifica que a prosperidade material nem sempre nos torna mais felizes – pelo contrário. Entretanto a sociedade insaciável está totalmente ocupada em fazer frente aos danos espirituais da sua sede de consumo, danos tais como instabilidade de humor, egoísmo, descontrole, negligência e desorientação. Alternativas racionais nada mais têm a oferecer a tal sociedade. Não devemos, então, finalmente admitir que erramos ao trocar a esperança numa vida eterna por objetivos materiais? Não devemos nos voltar novamente para um objetivo de vida que, pelo menos, dê importância equivalente às riquezas interiores e exteriores? Não devemos considerar na mesma medida desejos materiais e necessidades espirituais, quando lidamos com valores e ideais?

Tal como um indivíduo, uma sociedade inteira também pode se perder de si mesma, pode tornar-se estranha a si mesma. E, tal como no caso individual, só há um remédio, aquele que Bernardo de Claraval prescreveu ao Papa Eugênio, na forma de um conselho urgente, como pré-requisito para a verdadeira autorrealização: doe-se a si mesmo! Retorne a si! Volte-se para Deus e encontre a si mesmo. Não espero que tal mudança nos transforme a todos em bons cristãos de repente. Também não vai convencer a cada um de que o Céu o aguarda. Mas pode ser que descubramos novamente um anseio dentro de nós – o anseio por um objetivo que tem lugar além da morte, o anseio por uma existência na qual todo sofrimento acaba, porque Deus, conforme está escrito no último livro da Bíblia, "Enxugará as lágrimas de seus olhos e a morte já não existirá. Não haverá mais luto, nem pranto nem dor" (Ap 21,4). Quem redescobre este anseio dentro de si iniciará sua busca, e a busca o levará a outros objetivos, além daqueles que são inspirados pela crença na morte definitiva.

Neste sentido, considero todo peregrino um buscador da felicidade. Enfim, trata-se da felicidade no anseio, na busca, na decisão por um objetivo. Entretanto esta felicidade pela qual o peregrino sai de casa tem algo de irritante, já que não pode ser adquirida, não dá retorno tangível, não pode ser produzida, não é algo que se possa fabricar nem negociar. Mas não é sempre assim a verdadeira felicidade?

Lembremos os momentos mais felizes de nossas vidas – não foram aqueles para cuja ocorrência nós nada fizemos? Os momentos em que se abre o coração não foram aqueles que ganhamos de presente? Pode ser o nascimento de uma criança, um grande amor, um magnífico céu estrelado, uma música envolvente – esta felicidade ninguém produz por si mesmo, é sempre uma dádiva, sempre uma graça. Quem entende isto vê um motivo de gratidão em tudo que é belo. Mas também constata que a gratidão aguça a sensação de felicidade, assim como a ingratidão, pelo contrário, a embota e bloqueia.

Especialmente na Espanha e na Itália eu percebo que o povo considera a felicidade como um motivo de gratidão. Percebe-se claramente que lá se tem mais acesso à simples constatação de que a felicidade de cada um nunca se deve só ao próprio indivíduo. Lembro-me sempre de um lugar em Roma onde, na parede de uma casa, alguém escreveu com *spray*, em letras garrafais, as palavras: "*Grazie, Roma*" – "Obrigado, Roma". Alguém que desejou externar sua gratidão por tudo o que aquela cidade grandiosa lhe dera de bom. Alguém com motivos para se considerar feliz, e que sabia disso. Considero um sinal de grande sabedoria de vida a gente não se ufanar de nossa própria atuação, mas reconhecer a contribuição alheia para a nossa felicidade. Mas esvai-se a gratidão daquele que se acha capaz de produzir seu próprio mundo. Quem se considera senhor absoluto da própria vida deve considerar a gratidão um sentimento incompatível e risível. O megalômano não sente gratidão, mas também não pode ser feliz.

A gratidão a que me refiro não tem nada a ver com subserviência. Também não ocorre em função das boas maneiras. Ela é o alegre reconhecimento de que outros contribuíram para a minha felicidade. E como isso era automático no passado; como os medievais reagiam automaticamente com gratidão por uma virada feliz no seu destino, e a tomavam como motivo para uma peregrinação! As placas votivas deixam testemunhos nas igrejas, aquelas plaquinhas pintadas que, em estilo ingênuo e muitas vezes numa escrita desajeitada, atestam uma remissão milagrosa, uma cura não esperada. Essa gratidão era prima-irmã do assombro, e talvez tenha decrescido na medida em que fomos perdendo o assombro.

Eis o que me ocorre: fico assombrado quando faço retrospectiva da minha vida. Quantas vezes me perguntaram: você não se sente orgulhoso pelo que já realizou? Minha resposta é: eu me sinto grato pelo que foi realizado. Alegro-me pelo que foi conseguido, mas sozinho eu nada teria feito. E, por fim, quanto à felicidade que vivenciei só posso dizer: "Senhor Deus, agradeço-te por isto". Quanto mais velho eu fico, mais entendo que a totalidade da minha existência, tudo que vivenciei e realizei, eu devo à bondade de Deus. Assim o louvor a Deus vive em mim automaticamente, pois me acontece o mesmo que aos autores dos salmos, que na beleza da criação vislumbraram a grandeza de Deus, e com louvores à criação manifestaram seu assombro. E este olhar agradecido me faz olhar confiantemente o futuro.

Encontrar a si mesmo, encontrar a Deus, assumir uma postura agradecida – são metas universais, válidas para todos que se perguntam para onde caminha sua vida. Além disso, precisamos também de metas individuais, que cada um deve determinar por si, na medida em que toma consciência de seu próprio destino, orientando assim seu caminho. A partir dos meus 14 anos me guiei pela visão de me tornar um missionário, um missionário como Pierre Chanel. Outros não se definem assim tão cedo, e acabam desenvolvendo ideias de vida totalmente diferentes dos sonhos da juventude; mas eu acho que, em qualquer situação, é sempre útil e sensato ter visões. Não me refiro a devaneios, não falo de sonhos, nem de utopias, nem de ideais perfeccionistas. Refiro-me a objetivos concretos, na medida certa de tamanho e aspiração, para despertar o ânimo e mobilizar as forças. Quatro artistas alemães me deram recentemente um exemplo de como a visão precede um projeto e do entusiasmo que ela pode suscitar.

Começa com um trabalho de imaginação. Esses quatro artistas – todos em torno dos 40 anos – estavam reunidos em Roma e procuravam desenvolver uma nova ideia arquitetônica para prédios sem função definida. Tinham em vista uma edificação baseada em parâmetros diferentes dos que norteiam as metas de construção de hoje. A princípio a ideia de uma igreja nem lhes passou pela cabeça, mas, ao longo de suas discussões, eles determinaram: todas as nossas ponderações apontam para uma igreja! Nem de longe eles se consideravam cristãos em função disto; nenhum deles pensou em colocar sua arte a serviço da religião. Mas todos tinham uma ideia das características que deveria ter a edificação que desejavam. E, de repente, para surpresa deles, a idealização ganhou forma e nome: eles construiriam uma igreja, uma igreja moderna, nova, diferente de tudo que já existe. Uma igreja para o século XXI.

Esta foi a visão. E a visão leva à realização – isto é, uma propriedade das visões. Passo a passo, o projeto foi tomando forma. Numa encosta perto do povoado de Olevano Romano, nas Montanhas Sabinas, não longe de Subiaco e da gruta de São Bento, encontraram uma localização para a igreja. O bispo em exercício apoiou o empreendimento. E em pouco tempo a visão se transformou num plano concreto, e, nessa altura, eu entrei na jogada.

O que é realmente necessário para que se possam celebrar missas numa igreja? Nenhum dos quatro tinha uma noção exata. Vieram a mim e expuseram a questão. Onde deve ficar o altar? Como posicionar a cruz e o sacrário? E a sacristia? As janelas devem se abrir para a paisagem? Analisamos tudo, as cores, os painéis, as vestes litúrgicas. Depois de três reuniões, chegamos a um acordo quanto a espaço e luz, e quanto ao silêncio que deve envolver quem entra – e o grupo inicial de quatro tornou-se uma mesa-redonda de oito jovens artistas. Era empolgante, inspirador, um ponto de partida, estimulado pela certeza de que o objetivo dá toda força à ação.

Acredito nisto: visões assim, pertencentes à formação e transformação do aqui e agora, também são, por fim, alimentadas pela grande visão de uma vida diferente, a eterna. Não devemos, portanto, abandonar a esperança de sermos destinados a algo melhor que a morte. Não calemos a pergunta sobre o sentido da vida. Procuremos obter clareza quanto ao objetivo da nossa vida. Não desistamos da busca. Só a constante indagação nos possibilita manter distância do pessimismo que impera, segundo o qual no fim há a morte e nada mais.

# 15

# "Eu não tinha motivos religiosos"

## *A diferença entre peregrinar e perambular*

Não serão apenas andarilhos melhorados os peregrinos que hoje povoam as antigas rotas? Pessoas esportivas que saem pelo mundo afora, querendo testar até onde vão suas forças, e, de passagem, tentam algum namoro nos albergues da juventude? Não estou me referindo aos milhões de peregrinos que visitam anualmente a sepultura do Padre Pio, na cidade de San Giovanni Rotondo, no sul da Itália, ou a gruta da aparição em Lourdes. Estes são, sem dúvida, guiados por desejos devocionais; e desejos esportivos, de qualquer modo, são impensáveis para eles. Mas o que ocorre com os outros, os que se lançam às grandes distâncias, mas nunca pensam em caminhar de joelhos diante de um relicário, ou rezar ao pé da sepultura de um santo?

"Eu não tinha motivações religiosas", diz o Bruno, cuja história vou finalmente contar neste capítulo. "Mas logo me senti como um peregrino, não como um andarilho. Dificilmente eu deixava de visitar uma igreja no caminho."

Evidentemente, a diferença foi perceptível para ele, que já perambulara bastante na vida, mas nunca havia peregrinado. E quando, após uma pausa em certo ponto de sua caminhada até Santiago, ele tornou a colocar a mochila nas costas e retomou a marcha, por fim constatou: há uma diferença de situações, conforme o destino seja um albergue montanhês ou um lugar como Santiago de Compostela. É uma outra experiência do espírito. Estejamos caminhando, sozinhos ou em grupo, não nos comportamos como se estivéssemos numa longa caminhada como outra qualquer. Entramos no espírito da coisa com outro tipo de expectativa.

Impressionante. Em que se baseia isto? A gente se dá conta de que o espírito de peregrinação permeia profundamente o ser, mesmo quando não sejamos propensos a venerar santos, ou não levemos o cristianismo muito a sério. Antes de entrarmos no último relato de peregrinação deste livro, tentarei chegar às bases desta significativa experiência.

Eu creio que o peregrino é impulsionado mais conscientemente que o simples caminhante. Não só o caminho é vivido com consciência, mas a decisão da partida também já fora conscientemente tomada. Para peregrinar é preciso um motivo forte. Uma crise existencial ou um tormento profundo podem dar o impulso para uma peregrinação. Alguns querem superar uma decepção, outros querem recuperar o equilíbrio após uma comoção, e há também aqueles que, talvez cansados do próprio ceticismo, desejam, através desse caminho inofensivo, buscar respostas a respeito da vida e da fé. O cansaço é um dos motivos mais frequentes para peregrinar. Cansaço do egocentrismo desmedido do nosso tempo, cansaço da transmissão excessiva de mensagens, imagens e sons sem valor, cansaço da civilização tecnológica com sua superficialidade árida. Em todos os aspectos, o peregrino tem impulsos mais fortes que os do andarilho – é esta a primeira diferença.

Depois ele vive intensamente o trajeto. A peregrinação é um excelente exemplo de como é produtivo a gente se dar a uma grande e antiga tradição, quando se trata de pôr as ideias em ordem e concentrar as forças. A ação gira toda dentro de um contexto definido, as etapas e a meta são predeterminadas, as regras são conhecidas, corpo e alma seguem na mesma direção ao mesmo tempo – a gente se move para algo, interna e externamente, com corpo e alma. Pensamentos e ações entram em consonância, fundem-se corpo e espírito, e, nesse direcionamento à meta, tornamos a encontrar uma unidade. Entenda-se que não é preciso associar nosso lugar de peregrinação a expectativas grandiosas – basta que o lugar proporcione um ponto de conexão na realidade, que represente, na realidade concreta, o verdadeiro objetivo ao qual nos dirigimos interiormente, sendo que o verdadeiro objetivo também consiste em vivenciarmos a peregrinação com os sentidos despertos, que cada passo rumo ao objetivo, cada experiência que temos ao longo do caminho – a caminhada, as refeições, os encontros e conversas, os ofícios religiosos, e também aquilo que se passa pela cabeça de cada um – obtém, em função do objetivo, um significado maior.

Na convivência com companheiros de peregrinação, muitos vivenciam uma extrema sensação de comunidade. Os conhecimentos ocasionais que se travam numa caminhada comum jamais marcam uma pessoa tanto quanto os encontros que ocorrem numa peregrinação, pois companheiros de peregrinação são companheiros de destino, num sentido mais profundo. O fato de alguém peregrinar já é, automaticamente, uma declaração: quem peregrina é um buscador. Revela-se como alguém pronto para novas experiências de vida, alguém decidido a fazer um experimento consigo mesmo. O mínimo que a maioria obtém é, em termos gerais, acesso a experiências e pontos de vista que transformam, movem ou acalmam o espírito. De qualquer modo enriquecem. E uma comunidade desse tipo congrega rapidamente as pessoas.

É que em situações assim ficamos mais receptivos, mais abertos. Perde logo o sentido aquela postura sempre alarmada e defensiva em que vivíamos. Podemos nos sentir e nos mostrar como pessoas que não correm mais atrás de reconhecimento, não mais se preocupam com as aparências, não precisam mais se desdobrar o tempo todo para parecerem especiais. De certo modo, o peregrino pode se desarmar, pois não tem mais medo algum de ficar indefeso ou vulnerável. Pode se permitir ter incertezas, não precisa mais se defender de questionamentos pessoais, relaciona-se de coração aberto e com mais confiança. Portanto, a lembrança da vivência comunitária é normalmente uma das mais valiosas recordações de uma peregrinação.

Tudo isso requer muita introspecção. E, por fim, encontramos tempo para tal. Por fim somos forçados a nos aguentar ao longo de semanas ou meses. O caminho é longo, a ida é cansativa e logo as pressões habituais perdem a força. Logo a pressa normal nos parece absurda. A corrida contra o tempo cessa e, em determinado momento, percebemos que em nosso dia a dia não éramos nada.

Logo nos damos conta de que não precisamos de muito, que podemos dispensar muitas coisas que antes nos pareciam terrivelmente necessárias. Dispensar coisas – o que é isto? Senão a certeza de nossa própria liberdade? A constatação de que não somos prisioneiros das nossas prerrogativas e padrões de vida? Talvez também se perceba aí o quanto a vida fora vazia até então, e que o consumo, o crescente consumo, é a falsa receita para a felicidade. Mas é certo que, no caminho, descobrimos o caráter benéfico da nossa interdependência com outras pessoas, da nossa necessidade de ajuda e reciprocidade. Então, de repente, nos parece risível todo esse narcisismo da nossa cultura, essa postura de defesa da própria independência, esse medo de que alguém possa se aproveitar de nós. Ou pensamos no nosso casamento. Podemos admitir que ultimamente temos vivido distantes um do outro, mesmo que ainda haja amor – e assim, como peregrinos, nos sobra tempo para reflexões mais amadurecidas. Podemos nos dispor a um reinício do casamento, e, num afastamento provisório, evita-se incorrer nos mesmos erros. Desistir jamais! Isto pode ser uma lição do peregrino.

Mas o peregrino não olha só para dentro. Quem está em trânsito por longo tempo e entra em contato com um lugar diferente a cada hora do dia, sob luzes variantes, quem agora está no vale de um rio e daqui a pouco numa cadeia de montanhas, também aprende a ver e ouvir de outra forma. Com isto se torna capaz de sentir assombro e êxtase, e assim, um dia, pela primeira vez na vida, observa com uma reverência peculiar a majestade da criação.

Isso não é um efeito colateral da peregrinação. Para mim, a reverência é o fundamento sobre o qual se pode alicerçar uma postura mais humana e respeitosa entre pessoas. Pois com a reverência eu reconheço a sacralidade da vida, não importa a forma em que se apresente. Em outras palavras: eu mudo a perspectiva. Não mais observo a criação sob o aspecto de sua escala de valores, mas sob a impressão de sua grandeza intangível.

Entretanto, quem não cresceu com pensamentos de reverência, não tem ideia do que isto seja, e precisa, antes de tudo, vivenciar na própria alma o que é essencialmente a reverência. Não aprenderá na cultura ocidental, onde tudo é nivelado e medido num mesmo plano, onde cada um pode adaptar seu mundo à própria mediocridade. E onde não se pode explicar nem exigir reverência, só resta um caminho: é preciso conquistá-la, enquanto a pessoa passa por experiências que a tornam humilde. Pode ser, por exemplo, a contemplação de um nascer do sol – ou de um pôr do sol ao final do dia, em meio à natureza. Experiências assim podem reabrir os olhos e ouvidos de uma pessoa. De qualquer modo, a prepara para entrar numa igreja, porque a alma fica receptiva ao sagrado, ao que é santo. E talvez também ganhemos com isto uma visão mais aguda e melhor audição para tudo o que nos rodeia, os nossos semelhantes, por exemplo. É possível que finalmente paremos de tentar dar outras feições aos nossos desejos e intentos, podendo assim perceber o quanto eles são reais.

É claro que não podemos nos prometer milagres numa peregrinação. Numa rota de peregrinação não corremos atrás de grandes acontecimentos. Mas podemos esperar uma transformação gradual, uma transformação que talvez venha a ser percebida no final do caminho. E quem sabe se, uma vez lá, não sintamos no ar o desejo de selar um pacto com nós mesmos e começar com seriedade uma vida um pouco diferente da que levávamos até então? Não podemos trocar de pele, mas talvez consigamos nos livrar das sombras do passado.

"Logo me senti como um peregrino, não como um andarilho", assim disse o Bruno. Agora entenderemos melhor como se explica este sentimento. A peregrinação é uma partida para a introspecção, assim o Bruno confirma este fenômeno na narrativa de sua peregrinação a Santiago. Eu gostaria, portanto, de concluir este livro com este relato de uma peregrinação atual. Não podemos esperar aqui narrações de aventuras, como aquelas dos peregrinos medievais; relíquias e milagres são coisas que não veremos. Mas quem prestar atenção, perceberá as pequenas transformações que levam ao efeito final, que, por sua vez, capacita alguém a ver sob uma nova luz o mundo e sua própria vida.

"Eu não tinha motivos religiosos", assim o Bruno inicia sua narrativa. "Eu só queria entrar num mundo diferente. Eu tinha à frente um trajeto de quase 2.500km, mas isso não me assustou. Segui com prazer. E logo me senti como um peregrino, não como andarilho. Dificilmente deixava de visitar uma igreja ao longo do caminho.

Parti de Munique, com meus velhos sapatos de montanha. Sapatos adequados, assim pensei, são essenciais para os peregrinos, e aqueles calçados já tinham me aguentado na montanha do Watzman – o que poderia acontecer?

Mas, no terceiro dia, tive a sensação de que ia morrer de dor. Os dois pés estavam inchados e cobertos de bolhas. Eu acabara de chegar ao Lago Ammer, então tratei de comprar sapatos de bom material, à prova d'água, leves e arejados, com ótimas solas maleáveis. Daí em diante não pensei mais nos pés. No caminho cuidei de muitos outros peregrinos, com emplastros e bandagens, mas eu mesmo não precisei.

Minhas etapas diárias? Variavam muito. Trinta quilômetros era uma boa média para mim; quatro ou cinco vezes eu cheguei a quarenta. A última etapa foi a mais longa. Eu poderia pernoitar mais uma vez nas proximidades de Santiago, mas... Agora que eu poderia ter tudo aquilo com que sonhara ao longo do caminho – um autêntico apartamento de hotel com uma cama e um banheiro só pra mim – eu não queria saber de parar. Tendo em vista esse quarto de hotel, saí feito um doido debaixo de uma chuva torrencial. No final, eu tinha percorrido em torno de 50km. Pura teimosia, e foi uma tremenda tortura...

Minha etapa mais curta foi de uns dez quilômetros, por culpa de um salaminho, minha ração de viagem. Ao longo de dois meses eu o vinha trazendo bem guardado, até que fui me hospedar num albergue que só oferecia dezesseis refeições à noite – era até onde ia a capacidade da cozinha, e eu era o décimo sétimo.

Nada a fazer, pensei: o salaminho parecia bom, o gosto estava bom, mas não me caiu nada bem. Passei a noite com febre e disenteria – ou seja, meu trajeto àquela noite foi entre o beliche e o banheiro. E no dia seguinte eu teria que seguir viagem, porque naquele albergue não era permitido pernoitar duas noites consecutivas. Alta rotatividade. De vez em quando eu tinha que parar para descansar num marco do acostamento. Aí, como se não bastasse, senti uma pontada no coração. O sofrimento era grande – mas desistir? Nem me passava pela cabeça. Nunca pensei em desistir em nenhum momento daqueles três meses. E, no dia seguinte, atingi novamente a marca dos 30km.

Nessa viagem aprendi a valorizar os cemitérios. Peregrinos costumam ter uma grande preferência pelos cemitérios, pois neles existe água, e água é um elemento básico para os peregrinos. Mas também se pode ali dormir tranquilamente, pois os cemitérios são ambientes envoltos em paz, de certa forma abertos, mas protegidos por grades e muros. Duas mulheres suíças que um dia me acompanharam por longo tempo a princípio dormiam ao ar livre, até que, certa noite, foram surpreendidas por uma violenta nevasca. Daí em diante passaram a pernoitar só em cemitérios. Além dos cemitérios, as igrejas são os melhores lugares para descansar. Na nave de uma igreja a temperatura é amena, e a gente pode se recostar e cochilar num banco, até recuperar as forças.

Enfim: conhecemos pessoas. No caminho de Santiago nos associamos aos outros, pois caminhamos dias inteiros com as mesmas pessoas, e isto, a meu ver, é uma das recordações mais marcantes – a marcha em grupo no calor escaldante, o piquenique numa bancada de pedra, com frutas, biscoitos e chocolate, as conversas que rolam. Lembro-me com satisfação de um padre escocês de Glasgow, que foi meu companheiro de viagem por muitos dias, e de um tenente-coronel do exército francês. Ele acabara de se restabelecer de uma doença grave e queria testar a resistência do corpo no caminho de Santiago. No ponto crítico da doença, ele nem podia segurar uma xícara de café, e agora o fazia sem dificuldade. É realmente incrível a forma como nos aproximamos uns dos outros no caminho de Santiago, o modo como trocamos ideias sem reservas.

Às vezes, porém, também ficamos sozinhos, e o relógio interno anda para trás, os pensamentos vagueiam até à infância, passamos, mais uma vez, por todas as fases da nossa vida e refletimos sobre o que poderíamos ter feito diferente ou melhor. Mergulho nos meus pensamentos horas a fio e, de vez em quando, perco a noção. Quando desperto dos meus devaneios, me vejo todo confuso. Uma viagem de peregrinação é, ao mesmo tempo, uma viagem pela vida.

Ao anoitecer, vamos descansar e sentimos algo que dificilmente conheceríamos em casa: a verdadeira hospitalidade. Faz-me lembrar Louis Revell. Revell administrava um albergue de peregrinos no sul da França, possuía também uma frota de táxis e, quando, numa tarde, cheguei por lá, encontrei a casa vazia. Não obstante, todas as portas da grande propriedade estavam abertas. Eu o chamei. Ele disse que eu ficasse à vontade em sua casa, e que, enquanto lá estivesse, podia me servir na cozinha e saquear o *freezer*.

Ainda naquela noite chegaram mais oito peregrinos. Depois do farto e bom jantar, Louis Revell nos convidou a um momento de reflexão. Passamos, então, para sua capela doméstica, iluminada por velas. Os nichos abrigavam imagens de santos, um dos quais, naturalmente, era São Tiago, com seu costumeiro cajado de andante e seu cantil de peregrino. Cada um recebeu um círio na mão e, por fim, Revell nos perguntou a cada um sobre o motivo de sua viagem. Nesse meio tempo eu já tinha aprendido a falar de mim mesmo, sobre minha inquietação interna quanto às alterações de vida que a aposentadoria acarretava, sobre o vazio que eu pressentia. E os outros também se manifestaram abertamente. Com seu convite à reflexão, Revell conseguiu que o nosso encontro casual não fosse superficial. Ao sairmos da capela, cada um pode colocar seu círio junto ao santo de sua devoção. O meu ficou aos pés de São Tiago.

Outra recordação que também guardo entre as melhores é a noite do 79º dia de minha viagem. No começo da tarde, cheguei ao mosteiro de São João de Ortega, que dispunha de três grandes dormitórios, e banhos, só frios. Em hospedagens como aquela se costumam rezar missas para peregrinos, e conceder a bênção ao peregrino. Mas ninguém soube me dizer se e quando haveria uma missa. Aí, por volta das seis da tarde, apareceu um automóvel Renault Clio, meio avariado. Um senhor idoso de escassos cabelos brancos apeou do veículo e nos cumprimentou – tratava-se do famoso padre Dom José Maria. A missa começaria em breve, ele informou.

Dom José Maria dispensou formalidades. Trocou-se ali mesmo no coro, de vez em quando a gente via um braço esticado por trás do altar-mor, e a missa também decorreu assim, de modo não convencional, quase familiar – ele quase derrubou o cálice sagrado. No final da missa, escutei por trás de mim um rumor, que ia tomando a forma de um canto suave e cada vez mais alto – eram peregrinos, que mais tarde se revelariam como um coral, e nos concediam uma belíssima apresentação ao final da missa. E depois Dom José ainda nos convidou à sua sopa de alho....

A fama de Dom José não se resumia à sopa de alho que ele eventualmente preparava para os peregrinos. Mas a sopa ia ser naquele dia! O refeitório foi aberto e uma grande sopeira de ágata marrom veio para a mesa. O próprio Dom José distribuiu a sopa, cuja quantidade era suficiente para 40 pessoas, mas o nosso pequeno grupo deu conta de tudo, eu sozinho tomei três pratos. Se alguém em especial me transmitiu uma sensação de peregrino no caminho de Santiago, foi aquele padre. Dom José não tinha atitudes de superioridade. Era um servo de Deus que, entre pessoas comuns, se comportava da mesma forma que no meio dos seus iguais.

Mas, enfim, é este o caminho que faz de alguém um peregrino. Também deve ter sido a caminhada que me ajudou a me abster de álcool durante todo o trajeto. Eu bem que gostava de beber, e até então não podia me imaginar à noite sem a minha *cervejinha* ou meu vinho. Agora eu queria ver se ia ser diferente – e vi, foi diferente. De Munique a Santiago de Compostela nada bebi a não ser sucos e água. Mas se, durante todo o tempo de viagem, não cortei o cabelo nem a barba, foi mais devido à minha preguiça que às dificuldades do caminho. Mas também pode ser que eu só quisesse ficar com aquela aparência na qual sempre imaginara um peregrino – com barba e cabeleira.

Eu estava determinado a entrar num mundo diferente. E consegui. Minha rota me levou através dos Alpes Suíços e da França, depois pelos Pirineus e, já na Espanha, até a Galícia. Caminhei pela paisagem árida do maciço central francês, sobre altos platôs, onde nada mais se via que uma meia dúzia de vacas dispersas, e o caminho só podia ser percorrido com a ajuda de varas. Vi como a terra às margens do Rhône ia se tornando mais rica e fértil, com campos de girassóis a perder de vista. Observei como as pessoas eram diferentes em cada região. Entrei em contato com uma variedade de grupos humanos, e quase todos me agradaram, quase todos me enriqueceram o espírito. Assim que entrei em Santiago, estava satisfatoriamente dotado de novas impressões e novas experiências. E regressei a Munique satisfeito.

Um dia – disse a mim mesmo – eu também deveria peregrinar a Santiago. Um dia, quando não tiver mais responsabilidades, quando não for nada mais que um simples monge. Talvez eu deva pensar neste projeto com menos ambição – afinal, não se pode vencer toda a rota numa só caminhada. Mas ainda quero realizar qualquer dia este desejo a tanto tempo acalentado...

# Referências

BRALL-TUCHEL, H. & REICHERT, F. (orgs.). *Rom – Jerusalem – Santiago* – Das Pilgertagebuch des Ritters Arnold von Harff (1496-1498). Colônia/Weimar/Viena: [s.e.], 2008 [*Roma – Jerusalém – Santiago* – O diário de viagem do Cavaleiro Arnold von Harff (1496-1498).

COLLIS, L. (org.). *Leben und Pilgerfahrten der Margery Kempe* – Erinnerungen einer exzentrischen Lady. Berlim: [s.e.], 1986 [*Vida e peregrinações de Margery Kempe* – Memórias de uma senhora excêntrica – Original em inglês: *The Apprentice Saint*. Londres: [s.e.], 1964].

HAEBLER, K. (org.). *Das Wallfahrtsbuch der Hermanus Kuenig von Vach und die Pilgerreisen der deutschen nach Santiago de Compostela*. Estrasburgo: [s.e.], 1899 [*O manual de peregrinação de Hermann Künig von Vach e as peregrinações alemãs a Santiago de Compostela*].

HERBERS, K. (org.). *Der Jakobsweg*. Tübingen: [s.e.], 1986 [*O caminho de Santiago*].

SCHELLENBERGER, B.K. (org.). *Bernhard von Clairvaux* – Rückkehr zu Gott. Düsseldorf: [s.e.], 2001 [*Bernardo de Claraval* – Retorno a Deus].

EDITORA VOZES

Editorial

## CULTURAL

Administração
Antropologia
Biografias
Comunicação
Dinâmicas e Jogos
Ecologia e Meio Ambiente
Educação e Pedagogia
Filosofia
História
Letras e Literatura
Obras de referência
Política
Psicologia
Saúde e Nutrição
Serviço Social e Trabalho
Sociologia

## CATEQUÉTICO PASTORAL

**Catequese**
Geral
Crisma
Primeira Eucaristia

**Pastoral**
Geral
Sacramental
Familiar
Social
Ensino Religioso Escolar

## TEOLÓGICO ESPIRITUAL

Biografias
Devocionários
Espiritualidade e Mística
Espiritualidade Mariana
Franciscanismo
Autoconhecimento
Liturgia
Obras de referência
Sagrada Escritura e Livros Apócrifos

**Teologia**
Bíblica
Histórica
Prática
Sistemática

## VOZES NOBILIS

Uma linha editorial especial, com importantes autores, alto valor agregado e qualidade superior.

## REVISTAS

Concilium
Estudos Bíblicos
Grande Sinal
REB (Revista Eclesiástica Brasileira)
SEDOC (Serviço de Documentação)

## VOZES DE BOLSO

Obras clássicas de Ciências Humanas em formato de bolso.

## PRODUTOS SAZONAIS

Folhinha do Sagrado Coração de Jesus
Calendário de Mesa do Sagrado Coração de Jesus
Folhinha do Sagrado Coração de Jesus (Livro de Bolso)
Agenda do Sagrado Coração de Jesus
Almanaque Santo Antônio
Agendinha
Diário Vozes
Meditações para o dia a dia
Guia do Dizimista
Guia Litúrgico

CADASTRE-SE
www.vozes.com.br

**EDITORA VOZES LTDA.**
**Rua Frei Luís, 100 – Centro – Cep 25689-900 – Petrópolis, RJ – Tel.: (24) 2233-9000 – Fax: (24) 2231-4676**
**E-mail: vendas@vozes.com.br**

UNIDADES NO BRASIL: Aparecida, SP – Belo Horizonte, MG – Boa Vista, RR – Brasília, DF – Campinas, SP
Campos dos Goytacazes, RJ – Cuiabá, MT – Curitiba, PR – Florianópolis, SC – Fortaleza, CE – Goiânia, GO
Juiz de Fora, MG – Londrina, PR – Manaus, AM – Natal, RN – Petrópolis, RJ – Porto Alegre, RS – Recife, PE
Rio de Janeiro, RJ – Salvador, BA – São Luís, MA – São Paulo, SP
UNIDADE NO EXTERIOR: Lisboa – Portugal